U0624192

国学经典

名家注译本

金刚经·心经·坛经

胡永辉　周晓露　注译

长江出版传媒

长江文艺出版社

图书在版编目（ＣＩＰ）数据

金刚经·心经·坛经 / 胡永辉，周晓露注译. -- 武
汉：长江文艺出版社， 2015.7（2018.6 重印）
（国学经典丛书）
ISBN 978-7-5354-8048-4

Ⅰ.①金… Ⅱ.①胡… ②周… Ⅲ.①《金刚经》—
研究②《心经》—研究③《六祖坛经》—研究 Ⅳ.
①B942.1②B946.5

中国版本图书馆CIP数据核字(2015)第 109441 号

责任编辑：谈 骁　　　　　　　责任校对：陈 琪
封面设计：徐慧芳　　　　　　　责任印制：左 怡　包秀洋

出版：长江出版传媒 长江文艺出版社

地址：武汉市雄楚大街 268 号　　　邮编：430070
发行：长江文艺出版社
电话：027—87679360
http://www.cjlap.com
印刷：中印南方印刷有限公司

开本：880 毫米×1230 毫米　　1/32　　印张：6.5　插页：4 页
版次：2015 年 7 月第 1 版　　　　2018 年 6 月第 2 次印刷
字数：148 千字

定价：26.00 元

版权所有，盗版必究（举报电话：027—87679308　87679310）
（图书出现印装问题，本社负责调换）

总　序

郭齐勇　武汉大学国学院院长

　　国学大师钱穆先生曾说"今人率言'革新'，然革新固当知旧"。对现代人尤其是青年一代来说，缺乏的也许不是所谓的"革新力量"，而是"知旧"，也即对传统的了解。

　　中国文化传统的源头，都在中国古代经典当中。从先秦的《诗经》《易经》，晚周诸子，前四史与《资治通鉴》，骚体诗、汉乐府和辞赋，六朝骈文，直到唐诗、宋词、元曲和明清小说，在传统经典这条源远流长的巨川大河中，流淌着多少滋养着我们精神的养分和元气！

　　《说文解字》上说"经"是一种有条不紊的编织排列，《广韵》上说"典"是一种法、一种规则。经与典交织运作，演绎中国文化的风貌，制约着我们的日常行为规范、生活秩序。中国文化的基调，总体上是倾向于人间的，是关心人生、参与人生、反映人生的，当然也是指导人生的。无论是春秋战国的诸子哲学，汉魏各家的传经事业，韩柳欧苏的道德文章，程朱陆王的心性义理，还是先民传唱的诗歌，屈原的忧患行吟，都洋溢着强烈的平民性格、人伦大爱、家国情怀、理想境界。尤其是四书五经，更是中国人的常经、常道。这些对当下中国人治国理政，建构健康人格，铸造民族精魂都具有重要意义。经典是当代人增长生命智慧的源头活水！

长江文艺出版社历来重视中华民族优秀传统文化的传播及普及，近年来更在阐释传统经典、传承核心文化价值，建构文化认同的大纛下努力向中国古典文化的宝库掘进。他们欲推出《国学经典丛书》，殊为可喜。

怎么样推广这些传统文化经典呢？

古代经典和现代读者的阅读习惯及趣味本来有一定差距，如果再板起面孔、高高在上，只会让现代读者望而生畏。当然，经典也不是任人打扮的小姑娘，一味将它鸡汤化、庸俗化、功利化，也会让它变味。最好的办法就是，既忠实于经典的原汁原味，又方便读者读懂经典，易于接受。在这个原则的指导下，《国学经典丛书》首先是以原典为主，尊重原典，呈现原典。同时又照顾现实需要，为现代读者阅读经典扫除障碍，对经典作必要的字词义的疏通。这些必要精到的疏通，给了现代读者一把打开经典大门的钥匙，开启了现代读者与古圣先贤神交的窗口。

放眼当下出版界，传统文化出版物鱼目混珠、泥沙俱下，诸多出版商打着传承古典文化的旗号，曲解经典，对现代读者尤其是广大青少年认知传承经典起了误导作用。有鉴于此，长江文艺出版社推出的《国学经典丛书》特别注重版本的选取。这套丛书30个品种当中，大多数择取了当前国内已经出版过的优秀版本，是请相关领域的名家、专业人士重新梳理的。这些版本在尊重原典的前提下同时兼顾其普及性，希望读者能有一次轻松愉悦的古典之旅。

种种原因，这套丛书必然会有缺点和疏漏，祈望方家指正。

目　　录

金刚经·心经·坛经

金刚经·心经·坛经

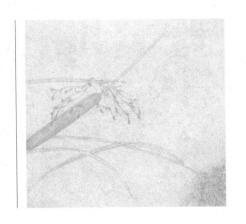

金刚般若波罗蜜经

姚秦三藏法师鸠摩罗什 译

导　言

《金刚经》全称为《能断金刚般若波罗蜜经》，是《大般若经》的一部分，也是大部般若经撮要之书。该经长短适中，言意精粹，弘传极广，有"经中之王"的美誉。尤其是禅宗五祖弘忍劝人一心受持《金刚经》，在其门下形成了传习该经的风气。后来，六祖听闻该经而得法开悟的因缘，以及他的大力倡导使得该经影响进一步扩大。一直到明清，禅宗门徒遍天下，该经在民间几乎家喻户晓。

为便于读者理解经文，本部分将从经题的含义、译本及译者、内容旨要等方面做一个背景性的简介。

一、经题的含义

经题"能断金刚般若波罗蜜经"，大意为：佛陀所宣说的，以金刚般精坚的般若智慧破除一切烦恼执著到达涅槃解脱境界彼岸的经典。

"能断"的意思是断除，破除。

"金刚"，指金中之精坚者，能破万物，比喻坚硬无比。

"般若"，梵语音译，意为"智慧"。指修习八正道、诸波罗蜜等，而觉悟的佛法真正智慧。

"波罗蜜"是梵语音译，意为"到彼岸"。简单来说，就是众生通过修行而从烦恼轮回中解脱，并到达涅槃寂静的彼岸。"到彼岸"并不是说已经到了涅槃彼岸，而是说按照佛法修行，就能从此岸到彼岸，所以重在从此到彼的修行。

"经"，佛所说的称为经。佛教经典分为经律论三藏，其中，"经"为佛陀亲说。"经"字的本意是线，线有贯穿、摄持不令散失的作用。

此经经名含义是说，以金刚般的无坚不摧、无障不破的般若智慧对治一切虚妄执著，达到识见诸法实相的境界，得到解脱到达彼岸。

二、译本及译者

（一）译本

一般认为，《金刚经》的汉译本有六种，分别是：

1. 姚秦鸠摩罗什译本，名为《金刚般若波罗蜜经》。

2. 南北朝时北魏菩提流支译本，名为《佛说金刚般若波罗蜜经》。

3. 南北朝时陈代真谛译本，名为《金刚般若波罗蜜经》。

4. 隋代达摩笈多译本，名为《金刚能断般若波罗蜜经》。

5. 唐玄奘译本，名为《能断金刚般若波罗蜜经》。

6. 唐义净译本，名为《能断金刚般若波罗蜜经》。

其中，鸠摩罗什译本最为流行，他的译本文字优美，语言精炼，便于传诵。从思想特征上来看，鸠摩罗什的译本基本是站在中观学派，即大乘空宗的立场上，而其他各家译本或多或少受到瑜伽行派，即大乘有宗的影响。

（二）译者

本书所依据的原文为鸠摩罗什译本。鸠摩罗什（344—413），略称罗什，祖籍天竺。其父因不愿嗣"相国"位而"东度葱岭"，来到西域龟兹国（今新疆库车一带）。龟兹王迎为"国师"，并将妹妹许配给他。罗什生于龟兹，七岁随母出家，两年后随母到罽宾，拜著名佛教学者槃头达多为师，从受《阿含经》。后至疏勒（今新疆西北的喀什一带），起先仍学小乘，后从须利耶苏摩学习大乘，并接触了《中论》、《百论》、《十二门论》等。回龟兹后，罗什广读大乘经论，并经常讲经说法，宣传大乘教义。

当时的高僧弥天释道安在长安闻罗什之名，常劝前秦皇帝符坚西迎罗什。因此，前秦建元十八年（382）九月，符坚派遣骁骑将军吕光率兵七万西进。在为吕光饯行时，符坚特地关照说："朕闻西国有鸠摩罗什，深解法相，善闲阴阳，为后学之宗。朕甚思之。贤哲者，国之大宝，若克龟兹，即驰驿送什。"吕光破龟兹，获罗什，强以龟兹王之女妻之。归途中，闻符坚被杀，吕光便留住凉州称王，罗什亦随之在当时中西交通的要塞凉州滞留达十六年之久。在此期间，罗什虽然没有从事译经等佛事活动，但学习了汉语，熟悉了汉地文化。年轻的佛教学者僧肇从关中前来从罗什受学，同时也把内地的佛教情况向罗什做了介绍。这些都为罗什今后的译经弘法活动做了必要的准备。

后秦弘始三年（401），后秦主姚兴迎罗什至长安，待以国师之礼，请入西明阁及逍遥园，译出众经，并使沙门八百余人前往受学，协助译经。姚兴自己也曾亲临听讲，甚至参与译校佛经。在最高统治者的大力扶植下，佛教在后秦得到了相当的流行。以

国学经典丛书

罗什为中心则形成了一个庞大的佛教僧团，沙门自远而至者多达三五千人。

罗什在长安的十多年时间里，共译出佛经三十余部，三百余卷（关于罗什译经的数量，各种《僧传》和《经录》的说法不一，有说多达九十多部、四百多卷的，经近人刊定，不可信）。其中重要的有《法华经》、《维摩经》、《阿弥陀经》、《坐禅三昧经》、《十诵律》、《梵网经》、《金刚经》、大小品《般若经》和"四论"等。这些经论的译出，对中国佛教产生了极其重大的影响。罗什系统译介的中观般若思想，经他的弟子发扬光大，更是与涅槃佛性论一起成为中国佛教的基本理论主干。罗什兼通梵汉，同时又有僧肇、僧叡等一批具有深厚传统文化功底的弟子协助。因此，他的译经文质兼备，达到了前所未有的新水平，得到了时人及后人的高度评价。著名佛教学者吕澂先生曾说："从翻译的质量言，不论技巧和内容的正确程度方面，都是中国翻译史上前所未有的，可以说开辟了中国译经史上的一个新纪元。"罗什作为中国佛教史上的"四大译经家"之一是名副其实、当之无愧的。

罗什译经仍然承袭了汉魏以来的风气，在译经的同时便行开讲，因而他在译经过程中培养了一大批有影响的佛教学者，其中著名的有僧叡、僧肇、道生、道融（以上四人被称为"什门四圣"或"关中四子"）、昙影、慧严、慧观、僧契（或以道凭或道恒替换僧契，以上八人被称为"八俊"）、道恒、道标（以上十人被称为"十哲"）等。他们来自全国各地，又把罗什译介的思想传到全国去，对中国佛教思想体系的形成起了巨大的作用。

三、内容旨要

《金刚经》全文共计 5164 字，最初翻译《金刚经》的时候，并没有分章分品。后来，梁武帝时代的昭明太子萧统将经文分为三十二品（章），并且为每一品增加了标题。经文主要记述了佛陀与十大弟子之中"解空第一"的须菩提尊者之间关于佛学的问答内容。全经的主要思想，一言以蔽之，就是"应无所住而生其心"。也就是说，不论何时何地，自己的本心对一切事物现象皆能无所执著，不为外尘所染，从而自然显现自心的本性，也就是所谓的自性清净心。

经文末尾的"一切有为法，如梦幻泡影，如露亦如电，应作如是观"一句，可以说是全文的精髓。意思是世上一切事物、现象都是虚妄不实的，就像梦幻泡影、晨露、闪电转瞬即逝。因此，修行者要对世上一切事物、现象都不起执著，认识到假有的万事万物本性皆是"空"，要识见本身具足圆满的自性清净心，并且以这种般若智慧来观照世间万事万物，明白"假有性空"的佛法真谛。

法会因由分第一

如是我闻①：

一时，佛②在舍卫国③祇树给孤独园④，与大比丘⑤众千二百五十人⑥俱。尔时世尊⑦，食时着衣持钵⑧，入舍卫大城乞食⑨。于其城中次第乞⑩已，还至本处。饭食讫，收衣钵，洗足已，敷座⑪而坐。

【注释】　①如是我闻："如是"指佛经中记述的内容；"我闻"指经藏叙述结集者阿难是直接从佛陀处听闻得来。一般为佛经开头语，用来表示此下所记诵的内容是从佛陀处直接听闻。②佛：梵语 Buddha 音译，佛陀的略称，意为觉悟真理者，是佛教修行之最高目标。"佛"一般是对佛教创始人释迦牟尼的尊称，大乘佛教兴起后，"佛"还泛指一切觉行圆满者和佛法真谛的化身。这里是指释迦牟尼佛。③舍卫国：中印度古王国名，释迦牟尼成佛后，在此处居住说法二十五年。据学者推定，该国位于今天拉布提河（Rapti）左岸的沙赫玛赫（Sahet Mahet），约在尼泊尔的奥都（Oudh）北方九十余公里处。④祇树给孤独园：是佛陀在舍卫国说法的地点之一，因祇陀太子与给孤独长者二人共同为佛陀供养说法之地，故得祇树给孤独园之名。据说舍卫城须达长者，好行布施，人誉为给孤独长者。皈依佛陀后，希望佛来舍卫城度其国人，因而欲购买祇陀太子的花园作为佛陀居留、说法之地。给孤独长者满足了祇陀太子提出的苛刻条件，以黄金铺满花园购得花园。太子被其感动，就将园中所有林木也捐献给佛陀。⑤比丘：指年满二十岁且受具足戒的男子修行者，女子出家受具足戒者称为比丘尼。比丘意为破烦恼者。《大智度论》卷三载"比丘"有乞士、破烦恼、出家人、净持戒及怖魔等五义。⑥千二百五十人：指佛陀的"常随众"，包括耶舍长者子师徒五十人、优楼频螺迦叶师徒五百人、那提迦叶师徒二百五十人、伽耶迦叶师徒二百五十人、舍利弗师徒一百人、目犍连师徒一百人，共一千二百五十人。他们先事外道，后来得到佛陀的教化而得解脱，因为感佛深恩，而常随佛陀左右不离，协助佛陀弘法利生。⑦世尊：梵文意译，音译为"薄伽梵"或"婆伽梵"。佛陀为三界之尊，因此称世尊。意为富有众德、众佑、威德、名声、尊贵者。⑧钵：梵语"钵多罗"的简称，是比丘的盛饭器具。一般以泥或铁制成，圆形、稍扁、底平、口略小。⑨乞食：全称为"常行乞食"，十二头陀行之一。指托钵乞食于街市的一种行仪，以使修行者离诸贪求，不受他请，常行乞食，得食无好恶之念，不生嫌恨之心。⑩次第乞：十二头陀行之一。乞食时，不择家贫富，次第行步乞食，以使修行者有平等心。⑪敷座：铺好座位，结跏趺而坐。意指万缘放下，心无所著，安住于正念中。

【译文】

以下经中所言是我从佛陀那里亲闻而得的：

那时候佛陀居留在舍卫国的祇树给孤独园，与一千二百五十位大比丘在一起。当时的世尊，快到吃饭的时候穿上袈裟，拿着饭钵到舍卫城中去乞食。佛陀慈悲平等，在舍卫城中乞食时不分贫富贵贱，挨家挨户乞食。乞食后，佛陀便返回给孤独园。吃过饭后，他将袈裟和饭钵收拾好，洗净双脚，铺好座位结跏趺而坐。

善现启请分第二

　　时，长老须菩提①在大众中，即从座起，偏袒右肩②，右膝着地③，合掌④恭敬而白佛言："希有⑤，世尊！如来⑥善护念⑦诸菩萨⑧，善付嘱诸菩萨。世尊，善男子、善女人⑨，发阿耨多罗三藐三菩提心⑩，应云何住⑪？云何降伏其心⑫？"

　　佛言："善哉！善哉！须菩提，如汝所说，如来善护念诸菩萨，善付嘱诸菩萨。汝今谛听，当为汝说。善男子、善女人发阿耨多罗三藐三菩提心，应如是住，如是降伏其心。"

　　"唯然，世尊。愿乐欲闻。"

【注释】　①须菩提：佛陀十大弟子之一，最善解空理者，有"解空第一"的称号。原是古印度舍卫国鸠罗长者之子。在这里，他是佛陀在《金刚经》中解说空义时的当机者。②偏袒右肩：披着袈裟时袒露右肩，覆盖左肩。比丘拜见佛陀、请教师父及从事拂床、洒扫等工作时，须偏袒右肩，意为便于服劳役，表示比丘对尊者的恭敬。③右膝着地：在印度右是正道，左为邪道，袒右跪右，表示归于正道正法。④合掌：又名合十。表示心合于道，道合于心。⑤希有：指甚少者，这里指佛陀的教法十分难得、世之少有。佛陀有四种希有，即：（一）时希有，表示佛陀之出世，非旷世所常有。（二）处希有，佛陀不出现于三千世界中的他处，唯降生于迦毗罗卫城。（三）德希有，佛陀具有无量的福德智慧，所以是最尊贵的，无人能比，所以说是德希有。（四）事希有，佛陀一生都以佛法普利众生，为希有殊胜之事。⑥如来：佛十种尊号之一。如，真如。来，真如能随缘变现，真如现应于此，因此称来。⑦护念：这里指佛陀能善巧地摄受菩萨，使他契入甚深的佛道得究竟利益。一般指诸佛、菩萨、诸天善神等对修善众生或佛弟子加以护持摄受，使之免

国学经典丛书

受修学的障碍。⑧菩萨：梵文音译，全称为菩提萨埵。意为觉有情，与声闻、缘觉并称为"三乘"。指有情之中的觉悟者称为菩萨，因未能觉尽情想而未至佛地。因此，佛独称为"觉"，菩萨称为"有情觉"。⑨善男子、善女人：在家的信男、信女。善者，对信闻、佛法、持行善业者的美称。⑩发阿耨多罗三藐三菩提心：发起宏大的誓愿，立志以无上究竟的佛果为目标。梵语音译，或译为无上正等正觉，意为完成的人。"阿耨多罗"意译为"无上"，表示佛陀所证悟的真谛是圆满无上的；"三藐三菩提"意译为"正遍知"，表明周遍证知最究极的真理，平等度化一切众生至涅槃彼岸。⑪应云何住：应当如何安住。住，安住于正念。⑫云何降伏其心：怎样降服妄心、杂念而安住于正念。

【译文】　这时，众僧中有位须菩提长老从自己的座位上站了起来，他斜披袈裟偏袒右肩，右膝跪地，双手合十，恭敬地对佛说："世间难得的世尊啊！佛能善巧地摄受菩萨，使他契入甚深的佛道得究竟利益。世尊，倘若有向善修道的男人和女人，发愿立志成就无上正等正觉的菩提心，他们怎样才能使心安住于正念，常住不退呢？当他们起了妄念，又该如何降服妄心杂念而安住于正念呢？"

佛陀回答说："不错！不错！须菩提，正如你所说，佛能善巧地摄受菩萨，使他契入甚深的佛道得究竟利益。你们认真聆听，我接下来将为你们宣说。善男子、善女人发愿立志成就无上正等正觉的菩提心，应该这样去使心安住于正念，应该这样去降服妄心杂念。"

须菩提说："好的，世尊。我们都充满欢喜，希望能聆听您的教诲。"

大乘正宗分第三

佛告须菩提："诸菩萨摩诃萨①应如是降伏其心：所有一切众生之类，若卵生，若胎生，若湿生，若化生②；若有色，若无色③；若有想④，若无想⑤，若非有想非无想⑥；我皆令入无余涅槃⑦而灭度之。如是灭度无量无数无边众生，实无众生得灭度者。何以故？须菩提，若菩萨有我相、人相、众生相、寿者相⑧，即非菩萨。"

【注释】 ①摩诃萨：摩诃萨埵的略称，指发大心愿成就佛果的众生。摩诃，大；萨埵，有情、众生。②卵生、胎生、湿生、化生：即四生，指产生三界六道有情的四种类别。卵生是离开母体时，还不是完成的身形，仅是一个卵，经孵化才能脱壳而出，如鸟类。胎生，又作腹生，其最初的自体必须保存在母胎中，等身形完成才能离母体而出生，如人类。湿生，又作因缘生、寒热和合生，由粪便、腐肉、丛草等润湿地之湿气所产生者，如蚊虫等；化生，不须要父母外缘，凭自己的生存意欲与业力，就会忽然产生出来，如诸天和地狱的众生。③有色、无色：有色，指有物质形体的众生，包括欲界六道众生及色界四禅天。无色，没有物质形体，是无色界众生，在四禅天之上，没有色身，但有心识。④有想：即有想众生，指具有感觉认识等意识作用的有情众生。从众生有无情识的角度说，有"有想"、"无想"与"非有想非无想"三种众生。有想天是有想众生居住的地方。⑤无想：指情识全无，入灭尽定，证得无想果的众生。无想天，仅存色身及不相应行蕴。⑥非有想非无想：指住在无色界非想非非想处的众生。已处于情识全无，入灭尽定的状态，因此称为非有想；但又不像木石本没有情识，因此又称非无想。⑦无余涅槃：与"有余涅槃"相对。涅槃，意为寂灭、解脱、圆寂。有余涅槃，修行者证得阿罗汉果，过去世业报之因已受尽，但还有作为业报主体的身心存在。到了受过去世报的身心也寂灭，完全无所依，便是无余涅槃。⑧我相、人相、众生相、寿者相：按照惠能的说法，修行人有四相。心有能所之分、主客之分，轻慢众生成为"我相"。自恃持戒，轻破戒者称为"人相"。厌三涂苦，愿生诸天，是"众生相"。心中眷爱长年而勤修福业，法执不忘，是"寿者相"。有四相者即是众生，无四相者即是菩萨。

【译文】 佛陀告诉须菩提："诸大菩萨应该这样去降服妄心杂念使心

国学经典丛书

安住于正念：无论是卵生、胎生，还是因潮湿而生或者无所依托仅借业力出生的众生。无论是欲界与色界中有物质形体的众生，还是无色界中没有物质形体的众生。无论是有心识活动的众生，还是没有心识活动的众生，以及既有心识活动又无心识活动的众生，我都要度化他们，使他们断绝烦恼获得解脱，达到涅槃圣境。可是，虽然我这样度化了无数的众生，然而，实际上却没有任何一个众生得到度化而得解脱。为何这么说呢？须菩提，如果菩萨依然还有'有能所之分，轻慢众生；自恃持戒，轻破戒者；厌三涂苦，愿生诸天；心中眷爱长年而勤修福业，法执不忘'四种相，那他就不能被称为菩萨。"

妙行无住分第四

"复次，须菩提，菩萨于法应无所住①，行于布施②。所谓不住色布施，不住声、香、味、触、法③布施。须菩提，菩萨应如是布施，不住于相。何以故？若菩萨不住相布施，其福德不可思量④。须菩提。于意云何？东方虚空可思量不？"

"不也，世尊。"

"须菩提，南西北方、四维⑤、上下虚空可思量不？"

"不也，世尊。"

"须菩提，菩萨无住相布施福德，亦复如是不可思量。须菩提，菩萨但应如所教住。"

【注释】　①应无所住：心不起妄念，无所执著。意在表明一切法皆空的道理。②布施：梵语意译，音译为檀那、柁那、檀等。以慈悲之心向他人施予福利，使他离苦得乐。布施有三种，一是财施，即以财物救济贫苦的人；二是法施，即以佛法化导众生使人向善求道、远离邪妄；三是无畏施，帮忙众生解除他们的恐惧不安。三者又以法布施为最，即

"诸供养中，法布施最"。③色、声、香、味、触、法：六尘，又作六贼。依于六根所接之尘。尘，即染污之义，因其能染污情识，使众生生出了种种虚妄分别心。色尘，眼所见者，如颜色光线等，能染污眼根。声尘，耳所闻者，如动静等，能染污耳根。香尘，鼻所嗅者，如通塞香臭等，能染污鼻根。味尘，舌所尝者，如咸淡甘辛等，能染污舌根。触尘，身所感者，如离合冷暖等，能染污身根。法尘，意所知者，如生灭善恶等，能染污意根。④不可思量：不可想象，无法度量的，意指福报的无限大。⑤四维：四隅，指东南、西南、东北、西北四个方向。一般是以四维加四方，称为八方；八方再加上、下，称为十方。

【译文】 "其次，须菩提，菩萨对一切事物应当无所执著，并以此境界来向他人布施，使他离苦得乐。也就是所谓的不执著于眼所见，也不执著于耳所听、鼻所嗅、舌所尝、身所感、意所知而行布施。须菩提，菩萨就应该这样去行布施，不执著于一切事物假有的相状而行布施。这是为什么？因为菩萨如果不执著于一切事物假有的相状而行布施，得到的福报是无限大的。须菩提，你认为呢？东方的虚空可以想象和度量吗？"

须菩提回答："不可度量，佛陀。"

佛陀又问："须菩提，南方、西方、北方、东南、西南、东北、西北及上下方的虚空，可以想象和度量吗？"

须菩提回答："不可度量，佛陀。"

佛说："菩萨不执著于一切事物假有的相状而行布施，得到的福报就像十方虚空一样不可想象和度量。须菩提，菩萨就应该是这样不执著于一切事物假有的相状而行布施，按照佛陀所教，以无住为住。"

如理实见分第五

"须菩提，于意云何？可以身相①见如来不？"

"不也，世尊。不可以身相得见如来。何以故？如来所说身相即非身相。"

佛告须菩提："凡所有相皆是虚妄。若见诸相非相，则见如来。"

【注释】 ①身相：佛陀的三十二种妙相。

【译文】 佛陀又问："须菩提，你认为呢？可以依佛陀的种种妙相来识见佛法真谛吗？"

须菩提回答："不可以，佛陀。不可以依佛陀的种种妙相来识见佛法真谛。为什么呢？因为佛陀的种种妙相并非是恒常不变的真如。"

佛陀告诉须菩提："一切事物的相状都是虚妄的假有。如果能识见一切事物的相状都是虚妄的假有，就能识见佛法真谛。"

正信希有分第六

须菩提白佛言："世尊，颇有众生得闻如是言说章句，生实信不？"

佛告须菩提："莫作是说①。如来灭后，后五百岁②，有持戒修福者，于此章句能生信心，以此为实。当知是人不于一佛、二佛、三、四、五佛而种善根，已于无量千万佛所种诸善根。闻是章句乃至一念生净信者，须菩提，如来悉知悉见，是诸众生得如是无量福德。何以故？是诸众生无复我相、人相、众生相、寿者相，无法相亦无非法相③。何以故？是诸众生，若心取相④，则为著我、人、众生、寿者；若取法相，即著我、人、众生、寿者。何以故？若取非法相，即著我、人、众生、寿者，是故不应取法，不应取非法。以是义故，如来常说汝等比丘知我说法如筏喻⑤者。法尚应舍，何况非法。

【注释】 ①莫作是说：不要这样说。②后五百岁：指末法时期的第一个五百年。佛法分三个时期，即正法时期、像法时期、末法时期。一般认为，正法时期一千年，像法时期一千年，末法时期一万年。③无法相亦无非法相：众生不应执著于佛教正法是实有的，也不应执著于外道的"断灭空"。法相，一般指诸法显现于外各别不同的相，这里特指佛教得涅槃解脱之正法。④心取相：指对事理之相有所取执的虚妄之念。⑤筏喻：将正法比作竹筏，到达涅槃彼岸后当然要舍弃竹筏。意指不应对正法起执著之心。这一比喻出自《中阿含卷五十四·大品阿梨咤经》中佛陀为阿咤梨比丘说筏喻。

【译文】 须菩须问佛陀："世尊，后世众生听闻到您今日所宣说的经文内容，是否会生起对佛教的正信？"

佛陀回答说："你不要这样说。我灭度后的末法时期第一个五百年，会有持守戒律、广修福德的人，能从这些经文内容中产生佛教正信，并以此经义为真实所依。你要知道，这些人不只曾经于一佛、二佛、三佛、四佛、五佛处种下了诸善根缘，而是已于无量千万佛处种下诸善根。他们一听闻到这些内容，便会在一念间产生佛教的清净正信。须菩提，如来完全能够知见，这些善根众生将会得到无法估量的福报功德。为什么呢？因为这些善根众生，不再执著于我、人、众生、寿者之相，对法相和非法相也没有执著了。为什么呢？如果众生对事理之相产生有所取执的虚妄之念，也就是执著于我、人、众生、寿者之相；如果众生执著于佛教正法是实有的，也就是执著于我、人、众生、寿者之相。为什么呢？如果众生执著于外道的'断灭空'，也就是执著于我、人、众生、寿者之相，因此既不应执著于佛教正法的实有，也不能执著于外道的'断灭空'。正因为如此，我常告诫你们这些比丘们，我所说的法，就像渡河的筏舟一样，到了涅槃彼岸应当舍弃。佛法尚且应该舍去，何况那些外道。"

无得无说分第七

"须菩提，于意云何？如来得阿耨多罗三藐三菩提耶？如来有所说法耶？"

须菩提言："如我解佛所说义，无有定法名阿耨多罗三藐三菩提，亦无有定法如来可说。何以故？如来所说法皆不可取，不可说，非法、非非法。所以者何？一切圣贤皆以无为法①而有差别。"

【注释】　①无为法：不是因缘和合而生，常恒不变的法称为"无为法"。与"有为法"相对，有为法是指因缘和合而生之法。

【译文】　佛陀问："须菩提，你认为呢？我曾证得了无上正等正觉吗？我曾宣说过佛法吗？"

须菩提回答说："按照我对佛法的理解，没有恒定的法可以叫作无上正等正觉，也没有恒定的法是我所宣说的。为什么呢？因为不应该对您所宣说的佛法有所执著，也不能用固定的文字语言来准确地描述和诠释，把它看作是佛法或者不是佛法都是不准确的。为什么呢？因为一切圣贤的差别在于对无为法识见的深浅不同。

依法出生分第八

"须菩提，于意云何？若人满三千大千世界①七宝②，以用布施，是人所得福德宁为多不？"

须菩提言："甚多，世尊。何以故？是福德即非福德性，是故如来说福德多。"

"若复有人于此经中，受持乃至四句偈等，为他人说，其福胜彼。何以故？须菩提，一切诸佛及诸佛阿耨多罗三藐三菩提法皆从此经出。须菩提，所谓佛法者即非佛法。"

【注释】　①三千大千世界：古代印度人的宇宙观，指由小、中、大三种"千世界"所成的世界。"世"指时间，"界"指空间。古代以须弥山为中心，周围环绕四大洲及九山八海，称为一小世界。合一千个小世界为小千世界，合一千个小千世界为中千世界，合一千个中千世界为大千世界。因为这中间有三个千的倍数，所以大千世界，又名为三千大千世界。②七宝：世间七种珍贵之宝玉。诸经说法不一，《般若经》所说的七宝是金、银、琉璃、珊瑚、琥珀、砗磲、玛瑙，《法华经》所说的七宝是金、银、琉璃、砗磲、玛瑙、真珠、玫瑰，《阿弥陀经》所说的七宝是金、银、琉璃、玻璃、砗磲、赤珠、玛瑙，《大智度论卷十》所说的七宝是金、银、琉璃、颇梨、砗磲、赤珠、玛瑙。

【译文】　佛陀说："须菩提，你认为呢？如果有人用可以充满三千大千世界的七种珍宝布施，此人所获得的福报多不多？"

须菩提回答说："非常多，世尊。为什么呢？因为福报和非福报在本性上都是空，因此您说此人所获得的福报多。"

佛陀又说："若另有一人能够信受持行这部经，乃至其中的四句偈等，并且能为他人宣说佛法，那么此人所获福报要胜过前一个人。为什么呢？须菩提，因为十方一切诸佛及诸佛具有的到达彼岸得解脱的佛法真谛皆在此经中。须菩提，所谓的佛法，其本性是空，因此称为非佛法。

一相无相分第九

"须菩提，于意云何？须陀洹①能作是念，我得须陀洹果不？"

须菩提言："不也，世尊。何以故？须陀洹名为入流，而无

国学经典丛书

所入，不入色、声、香、味、触、法，是名须陀洹。"

"须菩提，于意云何？斯陀含^②能作是念，我得斯陀含果不？"

须菩提言："不也，世尊。何以故？斯陀含名一往来，而实无往来，是名斯陀含。"

"须菩提。于意云何？阿那含^③能作是念，我得阿那含果不？"

须菩提言："不也，世尊。何以故？阿那含名为不来，而实无不来，是故名阿那含。"

"须菩提，于意云何？阿罗汉^④能作是念，我得阿罗汉道不？"

须菩提言："不也，世尊。何以故？实无有法名阿罗汉。世尊，若阿罗汉作是念，我得阿罗汉道，即为著我、人、众生、寿者。世尊，佛说我得无诤三昧^⑤，人中最为第一，是第一离欲阿罗汉。世尊，我不作是念，我是离欲阿罗汉。世尊，我若作是念我得阿罗汉道，世尊则不说须菩提是乐阿兰那行者^⑥，以须菩提实无所行，而名须菩提，是乐阿兰那行。"

【注释】　①须陀洹：声闻四果中的初果，已断除三界一切见惑，初得法眼者。有三种意义：一、入流，是初入圣人之流的意思；二、逆流，是断三界之见惑，逆生死之流的意思；三、预流，是初证圣果，预入圣者之流的意思。得此果位者，再经七番生死，必入涅槃。②斯陀含：声闻四果中之二果。又分为斯陀含向与斯陀含果，斯陀含向或称一来果向，即初果之圣者进而更断除欲界修所断惑中前五品；若更断除欲界第六品之修惑，还须一往天上、一来人间受生，方得究竟，至此以后，不再受生，称为斯陀含果，或一来果，一来就是一度往来之义。③阿那含：声闻四果中之三果。又可分为阿那含向和阿那含果，若断尽欲界九品之惑，则称阿那含果；若断除七品或八品，则称阿那含向。修到此果位者，未来当生于色界无色界，不再来欲界受生死，所以叫作不还。④阿罗汉：声闻四果中之四果，属声闻乘中的最高果位。又可分为阿罗汉向和阿罗汉果，尚在修行阶段，而趋向于阿罗汉果者称阿罗汉向；阿罗汉果则指断尽一切烦恼，解脱生死，不受后有，而应受世间大供养之圣者。约阿罗汉的恩德说，阿罗汉应受天上人间的供养，为世间作大福田，名为应供；约他的断德说，阿罗汉杀尽一切烦恼之贼，故曰杀贼；约其智德说，阿罗汉彻证无生寂灭性，解脱生死不受后有，故谓之无生。广义而言，也泛指大、小乘佛教中之最高果位，为如来的十种称号之一。⑤无诤三昧：从外在表现来说，无诤三昧指不与他诤执，处处随顺众生；从证境来说，无诤三昧由于通达法无自性，一切只是相依相缘的假名，所以是一种不起争辩、无欲的状态。诤，诤论，为烦恼之异名。三昧，意为正定，即将心定于一处（或一境）的一种安定状态。在佛弟子中，解空第一的须菩提所得之无诤三昧，最为第一。⑥乐阿兰那行者：乐于在山林中寂居静修的人。阿兰那，原意为"树林"，一般指适合修行与居住的场所。"阿兰那"也意为寂静，即身体寂静，烦恼调伏。玄奘译《金刚经》时，将此处译为"无诤住"。

【译文】　佛陀又问："须菩提，你认为呢？证得须陀洹圣果的修行者，是否会生起'我已证得须陀洹果位'的念头？"

须菩提回答说："不会的，世尊。为什么？因为须陀洹的意思是入圣流，而实际又是无所入的，不执著于色、声、香、味、触、法六尘，证悟对五欲六尘无有执著的境界，因此才叫作须陀洹。"

佛陀接着问："须菩提，你认为呢？证得斯陀含圣果的修行者，是否会生起'我已证得斯陀含果位'的念头？"

须菩提回答说："不会的，世尊。为什么？因为斯陀含的意思是一往来，而实际又是无所往来的，心中已没有往来不往来的分别，因此才叫作阿那含。"

佛陀又问："须菩提，你认为呢？证得阿那含圣果的修行者，是否会生起'我已证得阿那含果位'这样的念头？"

须菩提回答说："不会的，世尊。为什么？因为阿那含的意思是不来，而实际又是无所不来的，心中已没有来不来的分别，因此才叫作阿那含。"

佛陀继续问："须菩提，你认为呢？证得阿罗汉圣果的修行者，是否会生起'我已证得阿罗汉果位'的念头?"

须菩提回答说:"不会的,世尊。为什么?因为实际上并没有什么法叫阿罗汉。世尊,如果阿罗汉生起'我已证得阿罗汉果位'的念头,就执著于我、人、众生、寿者相。世尊,您说我已证得无诤三昧的境界,是人中第一,亦为罗汉中第一离欲的阿罗汉。世尊,我不起'我是离欲的阿罗汉'的念头。世尊,如果我生起'我已证得阿罗汉果位'的念头,您就不会说我是个乐于在山林中寂居静修的阿兰那行者。正因为我对'须菩提所达到的境界'不起执著之心,只是假名为须菩提,所以才被称为乐于在山林中寂居静修的阿兰那行者。"

庄严净土分第十

佛告须菩提:"于意云何?如来昔在然灯佛①所,于法有所得不?"

"不也,世尊。如来在然灯佛所,于法实无所得。"

"须菩提,于意云何?菩萨庄严佛土②不?"

"不也,世尊。何以故?庄严佛土者则非庄严,是名庄严。"

"是故,须菩提,诸菩萨摩诃萨应如是生清净心③,不应住色生心,不应住声、香、味、触、法生心,应无所住而生其心。须菩提,譬如有人身如须弥山王④,于意云何?是身为大不?"

须菩提言:"甚大,世尊。何以故?佛说非身是名大身。"

【注释】 ①然灯佛:佛教有纵三世佛,指过去佛燃灯佛,现在佛释迦牟尼佛,未来佛弥勒佛。相传释迦牟尼过世曾以五茎莲花供养燃灯佛,而被预言,将在九十一劫后的贤劫成佛,号为释迦牟尼。②庄严佛土:将浊恶世界的净化,即庄严佛土。庄严,本意指布列种种宝物、鲜花、宝盖、幢、幡、璎珞等,以装饰严净道场或国土等。③清净心:

指自性清净心。这里指超越能所、有无分别的无所执著之清净心。④须弥山王：指须弥山，原为印度神话中之山名，被佛教沿用，谓其为耸立于一小世界中央之高山。以此山为中心，外围有八大山、八大海顺次环绕，而形成一世界（须弥世界）。须弥山高出水面八万四千由旬，水面之下亦深达八万四千由旬。须弥山顶有三十三天宫，为帝释天所居住之处，四王天则居于山腰四面。此山是由金、银、琉璃、水晶四宝所成，花果繁盛，香风四起，无数之奇鸟，相和而鸣，诸鬼神住于其中。此山高出众山之上，故称山王。

【译文】 佛陀问须菩提："你认为呢？我过去在然灯佛前，是否得到成佛的妙法？"

须菩提回答："没有，世尊。您往昔在然灯佛前，并未得到任何成佛的妙法。"

佛陀接着问："须菩提，你认为呢？菩萨有没有庄严清净佛土？"

须菩提回答："没有，世尊。为什么？因为菩萨庄严佛土，只是方便度化众生，如果存有庄严清净佛土的念头，便有所执著，就不是真正的庄严佛土。"

佛陀说："因此，须菩提，诸菩萨都应像这样生起自性清净心，不应该对眼识所见的种种色法生起执著心，也不应对声、香、味、触及法等尘境生起执著心，应该没有任何执著，使自性清净心显现。须菩提，假如有一个人身体像须弥山王那样高大，你认为呢？他的身体是否高大？"

须菩提回答："很大，世尊。为什么？因为这个人的'身'是实有的色身，不是'法身'，所以可以称为'大'。而佛陀所说的'法身'不是用大小可以描述的。"

无为福胜分第十一

"须菩提，如恒河①中所有沙数，如是沙等恒河，于意云何？

是诸恒河沙宁为多不?"

须菩提言:"甚多,世尊。但诸恒河尚多无数,何况其沙!"

"须菩提,我今实言告汝:若有善男子、善女人,以七宝满尔所恒河沙数三千大千世界,以用布施,得福多不?"

须菩提言:"甚多,世尊。"

佛告须菩提:"若善男子、善女人,于此经中乃至受持四句偈等,为他人说,而此福德胜前福德。"

【注释】 ①恒河:为印度五大河之一,意为"由天堂而来"。该河上游在喜马拉雅山南坡,经过印度、孟加拉而进入印度洋。恒河两岸是佛陀及弟子教化活动的重要区域。佛经中常以"恒河沙"比喻数量大而无法计算。

【译文】 佛陀说:"须菩提,就像恒河中所有沙粒的数量多的无法计算,如果恒河里的每一粒沙又成一条恒河,你认为呢? 所有恒河中的沙的数量加起来,这个数量多不多?"

须菩提回答:"很多,世尊。仅恒河之沙那么多的恒河数量已经大得无法计数,何况所有恒河中的沙粒数量呢?"

佛陀说:"须菩提,我今实言向你宣说:如果有善男子、善女人,用遍满上述所有恒河沙粒那么多的三千大千世界的七宝,来进行布施,他们所获得的福报功德多不多?"

须菩提回答:"很多,世尊。"

佛陀又对须菩提说:"如果有善男子、善女人,能对此经信受持行,乃至受持其中的四句偈,并向他人宣说,这样所获得的福报胜过前面用满所有恒河沙数那么多的三千大千世界的七宝作布施。"

尊重正教分第十二

　　"复次，须菩提，随说是经乃至四句偈等，当知此处一切世间①天、人、阿修罗②，皆应供养③如佛塔庙，何况有人尽能受持、读诵。须菩提，当知是人成就最上第一希有之法。若是经典所在之处，即为有佛，若尊重弟子。"

　　【注释】　①世间：包括有情世间以及一切有情众生居住的山河大地、国土等器世间。②天、人、阿修罗：合称为"三善道"。"天"音译作提婆，又名素罗，有光明、自然、清净、自在、最胜等义。与天上、天有、天趣、天道、天界、天上界等同义。指在迷界之六趣中，最高最胜之有情，或指这些天人所居住的处所。可分为欲界、色界、无色界。欲界六天，皆有饮食男女之欲；色界十八天，多习禅定，无男女之欲，但还有色身；无色界四天，禅功更深，色身已无。"人"，世间的生存者。欲界所属之有情，思虑最多者，过去曾修中品善之因，故今世召感人道之果。"阿修罗"，又作阿须罗、阿须伦、阿苏罗、阿素罗等。为六道之一，也是天龙八部及十界之一。义为"不端正"，言其男性容貌丑陋，但女性相貌却端正。又译为"非天"，说明其果报胜似天而无天之德。③供养：供给奉养之义，以饮食、衣服等物供给佛法僧三宝、父母、师长、亡者等。

　　【译文】　佛陀又说："再者，须菩提，能够随缘宣说这部经，哪怕仅仅宣说经中的四句偈，应当知道此讲经处，一切世间所有的天、人、阿修罗，皆应前来护持奉养，就如同护持奉养佛塔寺庙一样，更何况有人能够完全信受奉行、诵读这部经。须菩提，当知其人已成就最无上第一稀有的无上菩提法。这部经典所在之处，那里就会有佛，也就有尊重佛的弟子在那里。"

国学经典丛书

如法受持分第十三

　　尔时，须菩提白佛言："世尊，当何名此经？我等云何奉持？"

　　佛告须菩提："是经名为《金刚般若波罗蜜》，以是名字，汝当奉持。所以者何？须菩提，佛说般若波罗蜜，即非般若波罗蜜，是名般若波罗蜜。须菩提，于意云何？如来有所说法不？"

　　须菩提白佛言："世尊，如来无所说。"

　　"须菩提，于意云何？三千大千世界所有微尘①，是为多不？"

　　须菩提言："甚多，世尊。"

　　"须菩提，诸微尘，如来说非微尘，是名微尘。如来说世界非世界，是名世界。须菩提，于意云何？可以三十二相②见如来不？"

　　"不也，世尊。不可以三十二相得见如来，何以故？如来说三十二相即是非相，是名三十二相。"

　　"须菩提，若有善男子、善女人，以恒河沙等身命布施，若复有人，于此经中乃至受持四句偈等，为他人说，其福甚多。"

　　【注释】　①微尘：在佛教中，极微是指物质存在之最小单位。以一极微为中心，合七极微为一微尘，合七微尘为一金尘，合七金尘为一水尘。佛经中，以"微尘"比喻极小的物质存在，以"微尘数"比喻数量极多。②三十二相：是转轮圣王及佛之应化身所具足之三十二种殊胜容貌与微妙形相。依《大智度论》卷四所载，三十二相即：（一）足下安平立相、（二）足下二轮相、（三）长指相、（四）足跟广平相、（五）手足指缦网相、（六）手足柔软相、（七）足趺高满相、（八）腨如鹿王相、（九）垂手过膝相、（十）阴藏相、（十一）身广长等相、（十二）

毛上向相、（十三）一孔一毛生相、（十四）金色相、（十五）大光相、（十六）细薄皮相、（十七）七处隆满相、（十八）两腋下隆满相、（十九）上身如狮子相、（廿）大直身相、（廿一）肩圆好相、（廿二）四十齿相、（廿三）齿齐相、（廿四）牙白相、（廿五）狮子颊相、（廿六）味中得上味相、（廿七）广长舌相、（廿八）梵声相、（廿九）真青眼相、（卅）牛眼睫相、（卅一）顶髻相、（卅二）眉间毫相。以上三十二相，行百善乃得一妙相，故称为"百福庄严"。

【译文】 这时候，须菩提问佛陀："世尊，我们应当如何称呼这部经？我们又应该如何信奉受持此经呢？"

佛陀告诉须菩提："这部经名为《金刚般若波罗蜜经》，你们就以此经名中道理去信奉持行。这是什么意思呢？须菩提，因为佛所说的到彼岸智慧法门，并不是真正的到彼岸智慧法门，而是为了众生的虚妄执著才宣说这一法门，并安立假名称之为'到彼岸智慧法门'。因此，对这一法门也不应起执著之心。须菩提，你认为如何？如来真的说过什么'法'吗？"

须菩提回答说："世尊，如来真的没有说过什么法。"

佛陀再问："须菩提，你认为如何？三千大千世界里所有的微尘，数目算不算多呢？"

须菩提回答："非常多，世尊。"

佛陀说："须菩提，所有的微尘，都不是真正的实体存在，只是为了化导众生，才安立假名称它为'尘'。如来说这些世界也都是因缘和合而生的假有，没有实体存在，只是为了随顺世俗，安立假名称之为'世界'而已。须菩提，你认为如何？可以通过如来色身的三十二种奇妙庄严的形相来识见真正的如来吗？"

须菩提答："不可以，世尊。不可以通过如来色身的三十二种奇妙庄严的形相来识见如来的真实面目。为什么呢？如果所说的三十二种奇妙庄严的形相并非是实体存在的，同样是因缘和合而生的，为了随顺世俗，安立假名称之为'三十二相'罢了。"

"须菩提，如果有善男子、善女人，以恒河沙数那样多的身体和性命来布施。如果再有一人，能信奉持行这部经，甚至只是经中的四句偈而已，并随时随地广为他人宣说，那么，他得到的福报功德比前者还要多。"

离相寂灭分第十四

尔时，须菩提闻说是经，深解义趣，涕泪悲泣而白佛言："希有，世尊。佛说如是甚深经典，我从昔来所得慧眼①，未曾得闻如是之经。世尊，若复有人得闻是经，信心②清净，即生实相③，当知是人成就第一希有功德。世尊，是实相者，即是非相，是故如来说名实相。世尊，我今得闻如是经典，信解④受持不足为难。若当来世后五百岁，其有众生得闻是经，信解受持，是人即为第一希有。何以故？此人无我相、无人相、无众生相、无寿者相。所以者何？我相即是非相，人相、众生相、寿者相即是非相。何以故？离一切诸相即名诸佛。"

佛告须菩提："如是，如是。若复有人得闻是经，不惊不怖不畏，当知是人甚为希有。何以故？须菩提，如来说第一波罗蜜⑤，即非第一波罗蜜，是名第一波罗蜜。

"须菩提，忍辱波罗蜜⑥，如来说非忍辱波罗蜜，是名忍辱波罗蜜。何以故？须菩提，如我昔为歌利王⑦割截身体，我于尔时无我相、无人相、无众生相、无寿者相。何以故？我于往昔节节支解时，若有我相、人相、众生相、寿者相，应生嗔恨⑧。

"须菩提，又念过去于五百世作忍辱仙人，于尔所世无我相、无人相、无众生相、无寿者相。是故，须菩提，菩萨应离一切相，发阿耨多罗三藐三菩提心。不应住色生心，不应住声、香、味、触、法生心，应生无所住心⑨。若心有住，即为非住。是故，佛说菩萨心不应住色布施。须菩提，菩萨为利益一切众生，应如是布施。如来说一切诸相即是非相，又说一切众生即非众生。

"须菩提，如来是真语者、实语者、如语者、不诳语者、不异语者。须菩提，如来所得法，此法无实无虚。须菩提，若菩萨心住于法而行布施，如人入暗即无所见。若菩萨心不住法而行布施，如人有目，日光明照，见种种色。

"须菩提，当来之世，若有善男子、善女人，能于此经受持读诵，即为如来以佛智慧悉知是人，悉见是人，皆得成就无量无边功德。"

【注释】　①慧眼：指智慧之眼。为声闻、缘觉二乘人所证得的眼。证得此眼可觉悟诸法平等、假有性空的般若智慧，故称慧眼。②信心：信奉持行佛法而不生怀疑心，指远离怀疑的清净心。③实相：指一切事物、现象真实不虚的相状。"实"就是真实不虚，"相"谓事物的本性或相状。万事万物都是因缘和合而生的，因此是假有，其真性是"空"，这就是诸法实相。④信解：听闻佛法初信之，后解之，称为信解。钝根者见此经能信之，利根者读此经能解之，合谓之信解。⑤第一波罗蜜：由生死苦海得解脱，到达涅槃彼岸。"波罗蜜"，梵语音译，意译为到彼岸。⑥忍辱波罗蜜：梵语为羼提，意译为安忍。忍有三种，对于人事方面的毁誉，皆能安然顺受，不生嗔恚之心，叫生忍；忍受身心的劳苦病苦，以及风雨寒热等苦，能处之泰然，叫法忍；菩萨修行六度时，了知一切诸法无我、本然不生的空理，将真智安住于理而不动，叫无生忍，无生忍即般若智慧。菩萨修此忍力，就能不为一切外境所扰，佛法劝人忍辱，是劝人学菩萨。⑦歌利王：意译为恶世无道王。佛陀于过去世修行时，歌利王为乌苌国的国王。他的行为非常凶暴恶劣，臣民们都很害怕他，唯恐避之不及。一次，国王带了宫女们，入山去打猎。宫女们趁国王休息时，就自由游玩。在深林中，她们见仙人在坐禅时，对他生起很大信心，仙人也就为他们说法。国王一觉醒来，不见一人，到各处去寻找。见他们围着仙人在谈话，心中生起嗔恨心并责问仙人，且不分青红皂白地用刀砍下仙人的手脚，看他是否能忍。当时，仙人毫无怨恨，神色不变，不但不嗔恨，反而对国王生起大悲心。这仙人，即释迦牟尼佛的前生。⑧嗔恨：对于苦与产生苦的事物，厌恶憎恚，三毒之一，也是六根本烦恼之一。⑨无所住心：无所执著的自性清净心。

【译文】 这时候，须菩提听闻了这部经，深刻领会了其中的真谛，禁不住欢喜而泣地对佛陀说："太稀有奇妙了，世尊。佛陀宣说了如此甚深微妙的经典，从我悟道得慧眼，领悟一切事物现象都是假以来，都未曾听闻过如此殊胜的经典。世尊，如果有人听闻了这部经的经义，生起信奉持行的清净信心，那他就能够识见一切事物现象的真实相状，也就是真如实相，应该知道，此人将成就最殊胜稀有的功德。世尊，如来所说的这个真如实相，并不是真实的真如实相，是为了随顺世俗，安立假名称之为'真如实相'。世尊，我今日能够亲闻佛陀讲这部经典，理解其义并信奉持行此经，并不算困难。如果到了佛灭度后的第五个五百年的末法时代，有众生听闻这微妙经义，并能信奉持行，此人才是非常稀有难得的。为什么呢？因为此人已没有对自我、他人、众生和寿者相状产生执著。为什么是这样？因为他已经觉悟到自我的相状并非真实不虚，人相、众生相、寿者相也一样并非真实。为什么呢？因为远离对一切虚妄之相的执著、分别，就能觉悟到万事万物都不是真实存在的，这就称为佛。"

佛陀告诉须菩提说："是这样的，你的理解完全正确。如果有人听闻这部经典，而能够不震惊、不恐怖、不迟疑，应当知道这人是非常殊胜稀有的。为什么呢？须菩提，如来所说的破除一切分别执著的般若法门，并非实体存在的，只是为了方便教化众生，安立假名称之为'破除一切分别执著的般若法门'。

"须菩提，所谓的忍辱波罗蜜，如来说并非实有的忍辱波罗蜜，只是为了方便教化众生，安立假名称之为'忍辱波罗蜜'。为什么呢？须菩提，比如我过去被歌利王用刀割解身体，当时我就没有执著于自我、他人、众生和寿者的相状。为什么这样说呢？割解我时，如果我执著于自我、他人、众生和寿命的相状，就必定会生起嗔恨的心念。

"须菩提，我回想起我在过去五百世作忍辱仙人时，那时，我就不执著于自我、他人、众生的和寿者的相状。所以，须菩提，菩萨应该舍离一切事物现象的相状，而生起最高圆满的觉悟心。不应该执著于视觉所触及的有形事物而产生分别心、执著心，不应该执著于声、香、味、触、法诸尘而产生执著分别心，应当无所执著生起最圆满最高的觉悟心。如果心中有所执著，就不是菩萨安住其心的正确方法。所以，佛说菩萨的心念不应该执著于有形的事物而布施。须菩提，菩萨为了利益一切的众生，应当修行这种无所执著的布施方法。如来说一切存在的形相都是因缘和合而生，是虚妄不实的，又说一切所有的众生也都是因缘和合而生的，是虚妄不实的。

"须菩提，如来都是根据真理而说，如来不会说谎话欺骗，他所说的也不会前后矛盾。须菩提，如来所证得的这个'法'，既非实有又非虚无。须菩提，如果菩萨执著于一切事物现象的相状而行施，就好像人走入黑暗之中什么也看不到。如果菩萨不执著于一切事物现象的相状而行布施，就好像人有双眼，在日光的照耀下，能清楚地看见各种有形之物一样。

"须菩提，未来之世，如果有善男子、善女人，能身体力行对这部经信奉、行持、念诵，如来凭借无量无碍的智慧可以断定，这种人一定能成就无量无边的福报功德。"

持经功德分第十五

"须菩提，若有善男子、善女人，初日分以恒河沙等身布施，中日分复以恒河沙等身布施，后日分亦以恒河沙等身布施^①，如是无量百千万亿劫^②以身布施。若复有人闻此经典，信心不逆，其福胜彼，何况书写、受持、读诵、为人解说！

"须菩提，以要言之，是经有不可思议、不可称量无边功德^③。如来为发大乘^④者说，为发最上乘者说。若有人能受持、读

国学经典丛书

诵、广为人说，如来悉知是人，悉见是人，皆得成就不可量、不可称、无有边、不可思议功德。如是人等，即为荷担如来阿耨多罗三藐三菩提。何以故？须菩提，若乐小法⑤者，著我见、人见、众生见、寿者见，则于此经不能听受、读诵、为人解说。

"须菩提，在在处处，若有此经，一切世间天、人、阿修罗所应供养，当知此处即为是塔，皆应恭敬作礼围绕⑥，以诸华香而散其处。"

【注释】 ①初日分、中日分、后日分：一天中的上午、中午、晚上三个时段。约十点钟以前为初日分，十点到下午二点为中日分，二点钟以后是后日分。②劫：佛教的时间单位，指不可计算的极长时间。③功德：行善所获之果报。④大乘：不以个人解脱觉悟为满足，而以救度众生为目的，就像巨大的交通工具可载乘众人，故称为大乘。⑤小法：小乘法，相对于大佛法而言。⑥作礼围绕：一种表示虔诚恭敬的礼仪。佛在世时，弟子来见佛，大都绕佛一匝或三匝，然后恭敬顶礼。

【译文】 佛陀说："须菩提，如果有善男子、善女人，上午以恒河沙数那样多的身体来布施，中午也以恒河沙数那样多的身体来布施，下午也同样以恒河沙数那样多的身体来布施，如此经百千万亿劫那么长的时间都没有间断过。如果又有一个人，听闻了此经典，生起不倒退的信心，他所得的福报功德胜过前面以身体布施的人，更何况能抄写经文、信奉行持、诵读并为他人解说呢？

"须菩提，简而言之，此经具有不可思议、不可估量、无边无际的功德。它本是如来为生起自度度人心愿的人所说，为生起最圆满觉悟心的人而说的。如果有人能信奉持行、诵读并广为他人宣说，如来完全可以断定，这个人一定能成就不可思议、不可称量、无边无际的功德。这样的人，就担当得起如来最高、最圆满的佛法真谛。为什么这样说呢？须菩提，如果一个人乐于修学小乘佛法，他会执著于自我、他人、众生和寿者相状，那么，他对于这部经典不会听闻信奉、诵读并广为他人宣说。

"须菩提，无论何时何地，只要有这部经典存在，一切世间的天神、人类、阿修罗都应该虔诚供养此处。应当知道此经所在之处就是供养佛塔的地方，就应恭恭敬敬围绕示礼，以各种香花遍撒四周。"

能净业障分第十六

"复次，须菩提。若善男子、善女人受持读诵此经，若为人轻贱，是人先世罪业①应堕恶道，以今世人轻贱故，先世罪业则为消灭，当得阿耨多罗三藐三菩提。

"须菩提，我念过去无量阿僧祇②劫，于然灯佛前，得值八百四千万亿那由他③诸佛，悉皆供养承事无空过者。若复有人于后末世，能受持读诵此经所得功德，于我所供养诸佛功德，百分不及一，千万亿分乃至算数、譬喻所不能及。

"须菩提，若善男子、善女人于后末世，有受持读诵此经，所得功德，我若具说者，或有人闻心则狂乱，狐疑不信。须菩提，当知是经义不可思议，果报④亦不可思议。"

【注释】 ①业：众生生命中一切身体、语言、思维方面的行为，统称为业。业分身、语、意三业。②阿僧祇：无量数或无穷极之数，多用于计量劫数，有小阿僧祇劫与大阿僧祇劫两种。③那由他：指极大之数。④果报：由过去业因所招感的结果。

【译文】 佛陀接着又说："再次，须菩提，如果有善男子、善女人能对这部经信奉行持，反而受人轻贱，应当知道，这个人前世所造的罪业本应该使他堕入恶道，因为现世被世人所轻贱，他前世的罪业就因此而消除，将来他也可以证得最圆满、最高的觉悟。

"须菩提，我回想过去无量无尽的极远时代，在然灯佛前，曾遇到过无量多的佛，我全都一一尽力供养，一个难得的因缘都没有错失过。如果有人在我入灭以后的末法时代，能够信奉持行此经，所得到的福报功德，和我过

国学经典丛书

去供养诸佛的功德相比，我不及他百分之一，千万亿分之一乃至数字、譬喻都无法用数字来衡量。

"须菩提，如果有善男子、善女人在我灭度后的末法时代，能够信奉持行读诵此经，他所得到的福报功德，如果我一一具体细说，也许有的人听到后会无法理解，怀疑而不相信。须菩提，应当知道，此经所包含的道理是不可思议的，所得到的果报也是不可思议的。"

究竟无我分第十七

尔时，须菩提白佛言："世尊，善男子、善女人发阿耨多罗三藐三菩提心，云何应住？云何降伏其心？"

佛告须菩提："善男子、善女人发阿耨多罗三藐三菩提者，当生如是心。我应灭度一切众生，灭度一切众生已，而无有一众生实灭度者。何以故？须菩提，若菩萨有我相、人相、众生相、寿者相，即非菩萨。所以者何？须菩提，实无有法发阿耨多罗三藐三菩提心者。须菩提，于意云何？如来于然灯佛所，有法得阿耨多罗三藐三菩提不？"

"不也，世尊。如我解佛所说义，佛于然灯佛所，无有法得阿耨多罗三藐三菩提。

佛言："如是如是。须菩提，实无有法如来得阿耨多罗三藐三菩提。须菩提，若有法如来得阿耨多罗三藐三菩提者，然灯佛则不与我授记①，汝于来世当得作佛，号释迦牟尼②。以实无有法得阿耨多罗三藐三菩提，是故然灯佛与我授记，作是言，汝于来世当得作佛，号释迦牟尼。何以故？如来者，即诸法如义。若有人言如来得阿耨多罗三藐三菩提，须菩提，实无有法佛得阿耨多罗三藐三菩提。

"须菩提，如来所得阿耨多罗三藐三菩提，于是中无实无虚。是故如来说一切法皆是佛法。须菩提，所言一切法者，即非一切法，是故名一切法。须菩提，譬如人身长大。"

须菩提言："世尊，如来说人身长大则为非大身，是名大身。"

"须菩提，菩萨亦如是。若作是言，我当灭度无量众生，即不名菩萨。何以故？须菩提，实无有法名为菩萨。是故佛说一切法无我、无人、无众生、无寿者。须菩提，若菩萨作是言，我当庄严佛土③，是不名菩萨。何以故？如来说庄严佛土者，即非庄严，是名庄严。须菩提，若菩萨通达无我法者，如来说名真是菩萨。"

【注释】 ①授记：指诸佛对发大心的众生预先记名，某世证果，及其国土、名号，而予以记别。如释迦牟尼于过去世得然灯佛的授记。②释迦牟尼：意译为能仁，佛教创始人。本名悉达多，姓乔答摩（瞿昙），诞生于迦毗罗卫国城东的蓝毗尼园。因其为释迦族，成道后被尊称为释迦牟尼，意为"释迦族出身之圣人"。③佛土：指佛所住佛国净土，或佛教化的国土。

【译文】 这时候，须菩提向佛陀请示道："世尊，善男子、善女人已经发心求得最圆满的觉悟，他们的心念该如何安住？应如何降伏他们的迷妄心呢？"

佛陀告诉须菩提说："善男子、善女人中凡发心求最圆满觉悟者，应当生起这样的心念：我应该度化一切众生，我虽然度化了一切众生，却并不执著于有众生被度化。为什么呢？须菩提，如果菩萨执有自我、他人、众生和寿者的相状，就不是真正的菩萨了。为什么这样呢？须菩提，实际上并没有一个实体存在名为发心求得最圆满、最高的佛法真谛。须菩提！你认为呢？如来在然灯佛那里，有没有得到一种法叫作最圆满、最高的佛法真谛？"

须菩提回答道："没有的，世尊。依据我对佛陀所讲教义的理解，佛陀在然灯佛那里，并没有得到一种法叫作最圆满、最高的佛法真谛。"

佛陀说："是这样，是这样。须菩提，实际上并没有什么实体存在称为最圆满、最高的佛法真谛。须菩提，如果有佛法使如来得到最圆满最高的佛法真谛，然灯佛就不会为我这样授记：你在来世必当成佛，名释迦牟尼。正因为我没有执著于有'法'可使我得到最圆满最高佛法真谛，所以然灯佛才会这样为我授记：你在来世必当成佛，名释迦牟尼。为什么呢？所谓如来，就是觉悟了一切事物现象的真实相状，没有执著与分别。如果有人说如来证得了最圆满最高的觉悟，须菩提，这是不对的，实际上并没有什么佛法使如来证得最圆满最高的觉悟。

"须菩提，如来所证得的最圆满最高觉悟，既不是实有，也不是虚无。所以，如来说一切事物现象都是佛法。须菩提，我所说的一切事物现象都不是真实存在的，只是为了方便教化众生，所以才安立假名称之为'一切事物现象'。须菩提，譬如说身形广大的报身吧。"

须菩提回答说："世尊，如来说身形广大的报身，实际上不是真实存在的，只是为了随顺世俗，安立假名称之为'身形广大的报身'。"

佛陀说："须菩提，菩萨也是如此。如果菩萨这样说：我应当灭度无量的众生。那他就不能叫作菩萨。为什么呢？须菩提，破除了对一切事物现象的执著与分别才被称为菩萨。所以，佛说一切事物现象都没有自我、他人、众生、寿者相状这样的真实存在。须菩提，如果菩萨这么说：我应当清净庄严佛国净土，就不能叫作菩萨。为什么呢？如来说对于用种种功德清净庄严佛国净土也不能执著，应当明白这也是因缘和合而生的，只是安立假名并非真实存在。须菩提，如果菩萨能够透彻领悟无我的真理，如来说他就是真正的菩萨。"

一体同观分第十八

"须菩提，于意云何？如来有肉眼①不？"

"如是，世尊，如来有肉眼。"

"须菩提，于意云何？如来有天眼②不？"

"如是，世尊，如来有天眼。"

"须菩提，于意云何？如来有慧眼③不？"

"如是，世尊，如来有慧眼。"

"须菩提，于意云何？如来有法眼④不？"

"如是，世尊，如来有法眼。"

"须菩提，于意云何？如来有佛眼⑤不？"

"如是，世尊，如来有佛眼。"

"须菩提，于意云何？如恒河中所有沙，佛说是沙不？"

"如是，世尊，如来说是沙。"

"须菩提，于意云何？如一恒河中所有沙，有如是沙等恒河，是诸恒河所有沙数佛世界，如是宁为多不？"

"甚多，世尊。"

佛告须菩提："尔所国土中所有众生，若干种心⑥如来悉知。何以故？如来说诸心皆为非心，是名为心。所以者何？须菩提，过去心不可得，现在心不可得，未来心不可得。"

【注释】 ①肉眼：五眼之一。指人之肉眼。凡夫以此肉眼可分明照见有形的事物，但肉眼受种种障碍而不通达。肉眼能清晰照见近处之景物，至于远处的东西则无法看见；照见眼前之景物时，但无法同时照见背后的东西；能照见外在者，却无法照见内在的东西；白昼时能照见

国学经典丛书

诸物，黑夜中则没办法看见。②天眼：五眼之一。天眼能洞见内外、粗细、前后、远近、明暗、上下，但仍有理障。天眼有两种，一种是从福报得来，谓为生得或报得之天眼，如天人；一种则是从苦修得来，谓为修得之天眼。③慧眼：五眼之一。慧眼能照见诸法实相，故能度众生至彼岸，但慧眼因所知障故，有智无悲，虽胜天眼，犹不及法眼能悲智并用。④法眼：五眼之一。能彻见一切事物现象的真实相状，同时，也能了知俗谛万有的智慧之眼，称为法眼。也就是说，既能觉悟诸法本性是空，又能随缘任运，度化众生，开方便法门，教化众生得解脱。⑤佛眼：五眼之一。诸佛之眼就叫作佛眼，诸佛也同时具有肉、天、慧、法四眼的作用，所以无所不见、无事不知不闻，一切皆见。⑥若干种心：泛指所有的心理、精神现象。

【译文】 佛陀问："须菩提，你认为如何？如来是否有肉眼？"

须菩提答："是的，世尊，如来有肉眼。"

"须菩提，你认为如何？如来是否有天眼？"

"是的，世尊，如来有天眼。"

"须菩提，你认为如何？如来是否有慧眼？"

"是的，世尊，如来有慧眼。"

"须菩提，你认为如何？如来是否有法眼？"

"是的，世尊，如来有法眼。"

"须菩提，你认为如何？如来是否有佛眼？"

"是的，世尊，如来有佛眼。"

佛陀又问："须菩提，你认为如何？比如恒河中所有的沙粒，佛说它们是沙粒吗？"

须菩提回答："是的，世尊，如来说它们是沙粒。"

佛陀继续问："须菩提，你认为如何？譬如一条恒河中所有的沙粒，每一个沙粒又是一条恒河，这么多条恒河里所有的沙粒都是佛教化的国土世界，这个数目是不是很多呢？"

须菩提答："很多，世尊。"

佛陀告诉须菩提："如此多的国土世界中的所有众生的种种不同的心念，如来都完全知晓。为什么呢？如来说的种种心念，并非是真实存在，只是安立假名称之为'心念'。为什么这样说呢？须菩提，过去的心念既然已经过去，怎么能得到它的真实存在呢？现在的心念不停地流转变化，怎么能得到它的真实存在呢？未来的心念还没有产生，怎么能得到它的真实存在呢？"

法界通化分第十九

"须菩提，于意云何？若有人满三千大千世界七宝以用布施，是人以是因缘①得福多不？"

"如是，世尊，此人以是因缘得福甚多。"

"须菩提，若福德有实，如来不说得福德多。以福德无故，如来说得福德多。"

【注释】　①因缘：产生结果的直接和间接条件。"因"是产生结果的直接内在原因；"缘"是相资助的外在间接条件。

【译文】　佛问："须菩提，你意下如何？如果有人用充满三千大千世界的七种珍宝来行布施，这个人因这布施的因缘而所得到的福报多不多呢？"

须菩提答曰："是的，世尊。这个人因这布施的因缘而所得到的福报非常多。"

佛又说："须菩提，如果福德是真实存在的体性，如来就不会说得到的福德很多。正因为并没有真实存在的福德，所以如来说得到的福德很多。"

离色离相分第二十

"须菩提，于意云何？佛可以具足色身①见不？"

"不也，世尊，如来不应以具足色身见。何以故？如来说具足色身，即非具足色身，是名具足色身。"

"须菩提，于意云何？如来可以具足诸相②见不？"

"不也，世尊。如来不应以具足诸相见。何以故？如来说诸相具足即非具足，是名诸相具足。"

【注释】　①具足色身：指有形质之身，即肉身。反之，无形者称为法身，或智身。佛典中多用以指佛、菩萨的三十二种妙相。②具足诸相：具足如来的三十二种妙相、八十种好的殊胜形相。

【译文】　佛陀又问："须菩提，你认为如何？可以依据圆满的色身形相来印证佛的存在吗？"

须菩提回答说："不可以，世尊。如来不能依据圆满的色身形相来印证佛的存在。为什么呢？如来说的圆满色身形相，并不是佛本身的真实形相，只是为了随顺世俗，安立假名称之为'圆满色身形相'而已。"

佛陀接着又问："须菩提，你意下如何？可以依据所具备的种种圆满妙相来印证佛的存在吗？"

须菩提回答说："不可以，世尊。不能依种种的圆满妙相来印证佛的存在。为什么呢？因为如来所说的圆满妙相并不是佛本来的真实形相。只不过为了随顺世俗，安立假名称之为'圆满妙相'而已。"

非说所说分第二十一

"须菩提，汝勿谓如来作是念，我当有所说法，莫作是念。何以故？若人言如来有所说法即为谤佛，不能解我所说故。须菩提，说法者无法可说，是名说法。"

尔时，慧命①须菩提白佛言："世尊，颇有众生于未来世闻说是法，生信心不？"

佛言："须菩提，彼非众生非不众生。何以故？须菩提，众生众生者，如来说非众生，是名众生。"

【注释】　①慧命：道德智慧圆满的长老、比丘。

【译文】　佛说："须菩提，你不要认为如来有这样的想法：我应当对'法'有所宣说。你不要如此想。为什么呢？如果有人说如来有宣说'法'的念头，那就是在毁谤佛陀，就不能理解我所说的佛法真谛了。须菩提，所谓说法，实际并存在一个'法'要去宣说，只是安立假名称其为说'法'。这才是真正的说'法'。"

此时，道德智慧圆满的须菩提当机向佛陀提问："世尊，在未来之世听闻您宣说的法，一定会有众生能够生起信奉受持之心吗？"

佛陀回答说："须菩提，他们既不是众生，又非不是众生。为什么呢？须菩提，应当知道，所谓众生，如来说他们并非真实存在的众生，只是安立假名称为众生而已。"

无法可得分第二十二

须菩提白佛言："世尊，佛得阿耨多罗三藐三菩提，为无所得耶？"

佛言："如是，如是。须菩提，我于阿耨多罗三藐三菩提，乃至无有少法可得，是名阿耨多罗三藐三菩提。"

【译文】　须菩提问佛陀："世尊，佛证得最圆满最高的觉悟，也就是没有得到最圆满最高的觉悟，无所得吗？"

佛说："正是如此，正是如此。须菩提，我对于最圆满最高的佛智，甚至任何其他法，都无所得，只是安立假名称之为'最圆满最高的觉悟'而已。这才叫作真正的最圆满最高觉悟。"

国学经典丛书

净心行善分第二十三

"复次，须菩提，是法平等无有高下，是名阿耨多罗三藐三菩提。以无我、无人、无众生、无寿者修一切善法①，即得阿耨多罗三藐三菩提。须菩提，所言善法者，如来说非善法，是名善法。"

【注释】　①善法：与"恶法"相对。指合乎于"善"的一切道理，一般以五戒、十善为世间之善法，三学、六度为出世间之善法，二者虽有深浅之差异，而皆为顺理益世之法，故称为善法。

【译文】　佛陀继续说："再者，须菩提，以最圆满最高的觉悟来观照万事万物，会明白万事万物都是绝对平等的，没有上下高低的分别，所以才称为最圆满最高的觉悟。只要不执著于自我、他人、众生、寿者的相状，不起妄想分别心，用心修行一切善法，那么即可证得最圆满最高的觉悟。须菩提，所谓的善法，如来说它并不是真实存在的，也是因缘和合而生的，只是安立假名称之为'善法'而已。"

福智无比分第二十四

"须菩提，若三千大千世界中所有诸须弥山王，如是等七宝聚，有人持用布施。若人以此般若波罗蜜经乃至四句偈等，受持读诵，为他人说，于前福德百分不及一，百千万亿分乃至算数、譬喻所不能及。"

【译文】　佛陀接着宣说："须菩提，如果有人用三千大千世界中所有须弥山王这么多的七种珍宝，来行布施。另有一人对这部《金刚般若波罗蜜经》，甚至仅仅是其中的四句偈，信奉持行诵读，并广为他人宣说，则前者以七宝布施所得的福德不及后者所得福德的百分之一，百千万亿分之一乃至于无法用数字、譬喻来描述两者的差别之大。"

化无所化分第二十五

"须菩提，于意云何？汝等勿谓如来作是念，我当度众生。须菩提，莫作是念。何以故？实无有众生如来度者，若有众生如来度者，如来则有我、人、众生、寿者。

"须菩提，如来说有我^①者，即非有我，而凡夫^②之人以为有我。须菩提，凡夫者，如来说即非凡夫，是名凡夫。"

【注释】 ①我：这里指真我，真实之我，也就是诸法平等的空性。②凡夫：执迷不悟，流转于生死苦海的平常人。

【译文】 佛陀接着问："须菩提，你认为如何呢？你不要认为如来有这样的想法：我应当度化众生。须菩提，不要产生这样的念头。为什么呢？因为确实没有众生是如来度化的，如果真有众生是如来度化的，那么如来就落入了对自我、他人、众生和寿者相状的执著之中。

"须菩提，如果谈到'我'，实际上并不是指真实存在的'我'，但是凡夫却以为这个'我'是真实存在的。须菩提，所谓的凡夫，如来说它并不是真实存在的凡夫，只是为了随顺世俗，安立假名称其为'凡夫'而已。"

法身非相分第二十六

"须菩提，于意云何？可以三十二相观如来不？"

须菩提言："如是如是，以三十二相观如来。"

国学经典丛书

佛言："须菩提，若以三十二相观如来者，转轮圣王①即是如来。"

须菩提白佛言："世尊，如我解佛所说义，不应以三十二相观如来。"

尔时，世尊而说偈言："若以色见我，以音声求我，是人行邪道，不能见如来。"

【注释】　①转轮圣王：佛教政治理想中的统治者。转轮王出现时，天下太平，人民安乐。依佛典所载，转轮王与佛一样具有三十二相，为世间第一有福之人，具足四德（大富、端正姝好、无疾病、长寿），成就七宝（轮、象、马、珠、女、居士、主兵臣），常乘轮宝巡视所统一的须弥四洲，是以十善法治世的大帝王，故称为转轮圣王。

【译文】　佛陀又问："须菩提，你认为如何？可以依据三十二种殊胜妙相来观想如来吗？"

须菩提答："是的，是的，可以依三十二种殊胜妙相来观想如来。"

佛陀说："须菩提，假如能依三十二种殊胜妙相来观想如来，那么同样有三十二种妙相的转轮圣王就应该是如来了。"

须菩提对佛陀说："世尊，依据我对佛陀所说教法的理解，不应该依三十二种殊胜妙相来观想如来。"

这时候，佛陀用偈颂的形式说："若想凭色相观想我，若以声音寻求我，此人走在错误的修行道路上，必不能证见如来。"

无断无灭分第二十七

"须菩提，汝若作是念：如来不以具足相故，得阿耨多罗三藐三菩提。须菩提，莫作是念：如来不以具足相故，得阿耨多罗三藐三菩提。须菩提，汝若作是念：发阿耨多罗三藐三菩提心者，说诸法断灭①，莫作是念。何以故？发阿耨多罗三藐三菩提心者，于法不说断灭相。"

【注释】 ①断灭：又作断见，主张众生在死后，生命即完全断灭、空无的看法。"断见"与"常见"相对，持常见者主张世界为常住不变，人类死后自我亦不消灭，且能再生而再以现状相续，也就是说"我"为常住。佛教既不偏于常见，也不偏于断见，而主张远离有、无两边而取中道。

【译文】 佛陀又说："须菩提，你不应该有这样的念头：如来无须以具足三十二种殊胜妙相来证得最高最圆满的觉悟。须菩提，你不应当有这样的念头，说如来无须以具足三十二种殊胜妙相来证得最高最圆满的觉悟。须菩提，你如果有这样的念头：证得最圆满最高觉悟的人，就会认为一切事物现象都是空无的，你不应当有这样错误的念头。为什么呢？证得最圆满最高觉悟的人，对一切存在的事物现象，绝不会消极地认为全部为虚无的，这其实是断灭空，也是不符合佛法的。"

不受不贪分第二十八

"须菩提，若菩萨以满恒河沙等世界七宝持用布施，若复有人知一切法无我，得成于忍，此菩萨胜前菩萨所得功德。何以故？须菩提，以诸菩萨不受福德故。"

须菩提白佛言："世尊，云何菩萨不受福德？"

"须菩提，菩萨所作福德，不应贪著①，是故说不受福德。"

【注释】 ①贪著：即贪爱执著。凡夫对于自己所好之物，生起染污的贪爱之心，从而引生出种种的烦恼。

【译文】 佛陀又说："须菩提，对于恒河沙数数目那么多的无量世界，如果有一个菩萨用充满这个无量世界的七种珍宝来行布施。假如又有一人透彻领悟一切事物现象都是无自性的这个道理，并对这个道理加以修证深印于心，那么这位菩萨所获得的福报功德胜过前面所说那位布施菩萨。为什么呢？须菩提，这是因为诸菩萨都不领受福报功德的。"

须菩提问佛陀："世尊，为什么说菩萨不领受福报功德？"

佛陀回答说："须菩提，菩萨对于度化众生所获得的福报功德，不起贪爱执著，所以才说菩萨不领受福报功德。"

威仪寂静分第二十九

"须菩提，若有人言如来若来，若去，若坐，若卧，是人不解我所说义。何以故？如来者，无所从来，亦无所去，故名如来。"

【译文】 佛陀说："须菩提，如果有人说：如来有时来、有时去、有时坐、有时卧，那这个人就是没有透彻领悟我所说的佛法真谛。为什么呢？因为所谓如来，是无所来处，也无所去处，没有对'来'和'去'的分别与执著，这才称之为如来。"

一合理相分第三十

"须菩提，若善男子、善女人，以三千大千世界碎为微尘，于意云何？是微尘众宁为多不？"

须菩提言："甚多，世尊。何以故？若是微尘众实有者，佛即不说是微尘众。所以者何？佛说微尘众即非微尘众，是名微尘众。世尊，如来所说三千大千世界，即非世界，是名世界。何以故？若世界实有者，即是一合相①。如来说一合相，即非一合相，是名一合相。”

“须菩提，一合相者，即是不可说，但凡夫之人贪著其事。”

【注释】 ①一合相：在佛教看来，世间万事万物，皆是一合相。比如，世界是由无数的微尘集合而成的，故称世界为一合相；人体是由四大五蕴合成，因此人身也是一合相。

【译文】 佛陀问：“须菩提，如果有善男子、善女人，把三千大千世界都粉碎成微尘，你认为如何？这些微尘的数目多不多呢？”

须菩提回答说：“非常多，世尊。为什么呢？如果这些微尘都是真实存在的，佛就不会说这微尘很多了。这是什么缘故呢？佛陀所说的很多微尘，实际上是说微尘没有实体，不是真实存在，只是一个安立假名的微尘而已。世尊，如来所说的三千大千世界，也就不是真实存在的有实体的世界，而只是安立假名为世界而已。为什么呢？如果有人说世界是真实存在的，其实那只是一种由无数微尘聚合起来的形相。如来说一个聚合的形相，并不是一个真实的存在，只是为了随顺世俗，安立假名称之为‘聚合的形相’而已。”

佛陀说：“须菩提，所谓一个聚合的形相，它的真实相状，是无法描述、妙不可言的。但是，一般人却偏偏要贪爱执著这个聚合的形相，认为它是有实体的真实存在。”

知见不生分第三十一

“须菩提，若人言佛说我见、人见、众生见、寿者见，须菩提，于意云何？是人解我所说义不？”

“不也，世尊，是人不解如来所说义。何以故？世尊说我见、人见、众生见、寿者见，即非我见、人见、众生见、寿者见，是名我见、人见、众生见、寿者见。”

“须菩提，发阿耨多罗三藐三菩提心者，于一切法，应如是

国学经典丛书

知，如是见，如是信解，不生法相。须菩提，所言法相者，如来说即非法相，是名法相。"

【译文】 佛陀问："须菩提，如果有人说：佛陀说世人存在有自我、他人、众生和寿者相状的偏见。须菩提，你怎么看呢？你认为他透彻领悟我所说的佛法真谛了吗？"

须菩提回答："没有，世尊，这个人没有透彻领悟您所说的佛法真谛。为什么呢？佛说的世人对自我、他人、众生和寿者相状的偏见，都不是真实存在，只是为了随顺世俗，安立假名称之为'对自我相状、他人相状、众生相状和寿者相状的偏见'。"

佛陀说："须菩提，发心求得最高最圆满觉悟的人，对于一切事物现象，应当这样去认知，应当这样去看待，应当这样去信奉理解，心中对万事万物的相状都不起执著分别之心。须菩提，所谓的万事万物的相状，如来说它并非是真实存在的，只是安立假名称之为'万事万物的相状'。"

应化非真分第三十二

"须菩提，若有人以满无量阿僧祇世界七宝持用布施，若有善男子、善女人发菩萨心者，持于此经乃至四句偈等，受持读诵，为人演说，其福胜彼。云何为人演说？不取于相，如如①不动？何以故？一切有为法，如梦幻泡影，如露亦如电，应作如是观。"

佛说是经已，长老须菩提及诸比丘、比丘尼、优婆塞、优婆夷②，一切世间天、人、阿修罗，闻佛所说，皆大欢喜，信受奉行③。

【注释】 ①如如："真如"是万有诸法的真实本性，万法不离真如，万法彼此也是平等一如的，所以叫"如如"。②优婆塞、优婆夷：原义为"侍奉者"、"服事者",指待奉或服事出家修行者之人。优婆塞,在家皈依佛法僧三宝、受持五戒、施行善法之男居士。优婆夷,即亲近三宝、受持五戒、施行善法之女众。比丘、比丘尼、优婆塞、优婆夷合称佛的四众弟子。③皆大欢喜,信受奉行:大家听闻了佛陀宣说的佛法真谛,感到法喜充满,并信奉持行所说的教法。该句是佛经结束语中的习惯用语。

【译文】 佛陀说:"须菩提,如果有人以遍满无量无数世界的七种珍宝进行布施,又另有善男子、善女人发心证得最高最圆满的觉悟,对这部经甚至只是其中的四句偈,加以信奉持行,诵读并广为他人宣说,他所获得的福报功德要远远超过那位以遍满无数世界的七种珍宝进行布施的人。应当如何为他人宣说此经呢?那就应当不执著于万事万物的形相,安住于万事万物的真如状态,了悟假有性空的道理,不为任何事物的形相所染污,不起分别执著之心念。为什么呢?一切因缘和合而生的事物现象,皆如梦幻泡影,像晨露、闪电一样转瞬即逝,应当用这样的般若智慧去观照一切因缘和合而生的事物现象。"

佛陀圆满宣说了这部经的甚深妙法,须菩提长老及在场的众多比丘、比丘尼、优婆塞、优婆夷四众弟子,一切世间的天、人、阿修罗等,听闻了佛陀所宣说的妙法,都感到法喜充满,得到清净的欢乐,并且信奉受持,依照佛所说的教法修行。

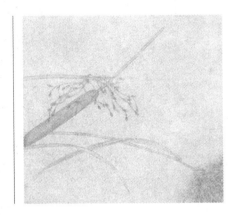

般若波罗蜜多心经

唐三藏法师玄奘　译

导　言

《般若波罗蜜多心经》一卷，全称《摩诃般若波罗蜜多心经》，一般简称为《般若心经》或《心经》，全文仅二百六十字，但含义却极广博而精深。该经属于般若类的经典，是《大般若经》的浓缩和精华。为方便读者阅读，以下从经题的含义、译本及注疏、译者、内容旨要等方面对《心经》做一简要介绍。

一、经题的含义

"般若波罗蜜多心经"的意思是依此经典修行，可以得到般若智慧，识见自性清净心，离生死苦海得解脱，到达究竟涅槃彼岸。

"般若"是梵语音译，意思是"智慧"。般若有三种。第一种是文字般若，文字虽非般若，但语言文字能诠般若之理，又能生般若，故称之为般若。凡是佛所说的一切教法，或是佛弟子所说的一切言教，不论是声教或是文字经典，都称为文字般若。第二种是观照般若，也就是觉悟万事万物真实相状的智慧。这种智慧能照见诸法皆空寂无相，故称观照般若。第三种是实相般若，是众生本就圆满具足的真如实性，离一切虚妄之相。实相也就是诸法真实的相状，不可以用长短、高下、大小等语言描述它，它是没有规定性的，对一切相都无所取执，是超言绝相的。

"波罗蜜多"也是梵语音译。意思为"度"或"到彼岸"。由生死烦恼之此岸到达涅槃解脱之彼岸，故称到彼岸。

"心"字，有两种含义：其一是"核心、心要"。因般若为诸佛之母，此经又是《大般若经》的心要，浓缩了六百卷《大般若经》的般若真空之理，可以说是般若的核心，故称为"心"。其二是"真心"。真心，也就是众生本来就圆满具足的自性清净心。自性清净心含藏般若智慧，以此观照可清晰透彻明了万事万物。识见自性清净心就是觉悟得到般若智慧，达到佛的境界。

"经"字，梵语是"修多罗"，译名"契经"，简称为"经"。"契"就是契理、契机的意思，谓上契诸佛所证的真理，下契众生之教化时机。因为经典能够将佛陀的教法，如线贯珠，令其不散失；又能摄持所应教度的众生，令其不堕落；佛经所说的道理，是真常不变的，不因时间的迁流而转变；佛法放诸四海皆准，不因地理环境的不同而不适应。因此"经"字还含有贯、摄、常、法等义。

二、译本及注疏

根据学者的统计，《心经》先后共有二十多个中译本。其中，既有汉文的意译本，又有汉文的音译本；既有由梵文译成藏文，再由藏文译成汉文的译本；也有由梵文译成藏文，再译成日文，最后译成汉文的译本。除了中译本，还有部分梵文本以及英文译本。它们分别是：

（一）汉文意译本

《摩诃般若波罗蜜咒经》，吴支谦（约公元三世纪）译；

《摩诃般若波罗蜜大明咒经》，402年姚秦鸠摩罗什（343—413）译；

《般若波罗蜜多心经》，649年唐玄奘（600—664）译；

《般若波罗蜜多那经》，唐菩提流志（562—727）译；

《摩诃般若随心经》，唐实叉难陀（652—710）译；

《佛说般若波罗蜜多心经》，700年唐义净（635—713）译；

《般若波罗蜜多心经》，唐法月（653—743）初译；

《普遍智藏般若波罗蜜多心经》，733年唐法月（653—743）重译；

《般若波罗蜜多心经》，790年唐般若、利言等译；

《般若波罗蜜多心经》，年代不详，唐法成（1071—1128）译；

《异本般若波罗蜜多心经》，年代译者均不详；

《般若波罗蜜多心经》，850（又说861）年唐三藏智慧轮译；

《佛说圣佛母般若波罗蜜多心经》，980年宋施护（？—1017）译；

《圣母智慧到彼岸经》，年代不详，元达里麻剌怛那译；

《般若波罗蜜多心经》（大本），叶阿月（1928— ）译；

《般若波罗蜜多心经》（小本），叶阿月（1928— ）译。

（二）汉文音译本

《唐梵翻对字音般若波罗蜜多心经》，唐玄奘译，不空润色；

《梵本般若波罗蜜多心经》，唐不空（705—774）译；

《梵本般若波罗蜜多心经》，宋契丹慈贤译；

《梵语心经》，年代译者均不详。

（三）由梵译藏译汉本

《佛说般若波罗蜜多心经》，孙慧风由藏文转译；

《般若波罗蜜多心经》，释楚禅由藏文转译；

《般若波罗蜜多心经》，释慧清由藏文转译；

《般若波罗蜜多心经》，释超一由藏文转译；

《般若波罗蜜多心经》，王尧由藏文转译。

（四）由梵译藏译日译汉本

《般若心经》，日僧能海宽译。

（五）现存《心经》的梵文本和英文版

梵文本主要有尼泊尔发现的广本和日本保存的各种传写模刻的小本两类。1884 年，马克斯·穆勒（Max Muller）与南条文雄共同校订了广、小两类《心经》梵文本。十年后，也就是 1894 年，穆勒将《心经》梵文本翻译成英文版并编入《东方圣书》。除此之外，《心经》的英文版还有英国佛教学学者比尔（Samuel Beal）的译本，这一译本的经典原文是依据玄奘译本，出版于 1864 年。

以上是心经的诸多译本，这其中，玄奘法师的译本最为简明扼要、流传最广。本书译注所依据的原文就是玄奘译本。

《心经》的注疏本极多，相传有二百余种，仅中国撰述者即有四十余种。比较重要者有：唐新罗僧人圆测《般若波罗蜜多心经赞》一卷，慧净《般若波罗蜜多心经疏》一卷（发现于敦煌)，窥基《般若波罗蜜多心经幽赞》二卷，法藏《般若波罗蜜多心经略疏》一卷，明旷《般若波罗蜜多心经略疏》一卷，宋智圆《般若波罗蜜多心经疏》一卷等；印度方面有提婆《般若波罗蜜多心经注》一卷；日本则有空海《般若波罗蜜多心经秘键》二卷，最澄《般若波罗蜜多心经释》一卷，真兴《般若波罗蜜多心经略释》一卷，宗纯《般若波罗蜜多心经注》一卷等。

三、译者

本书所使用的《心经》是玄奘译本，该本译者为唐代高僧玄奘法师。

玄奘法师俗姓陈，名祎，洛州缑氏（今河南偃师）人，生于600年（隋文帝开皇二十年），卒于664年（唐高宗麟德元年），其传记载于唐释道宣所撰《续高僧传》卷四。

玄奘幼年受父亲的教育和次兄的影响，十三岁就在洛阳出家。十七岁随次兄离开洛阳到长安。不久，又过剑阁去蜀，从师学经，并受戒律。二十五岁，离蜀下荆州，然后，又到河北赵郡，转相州。二十八岁，又回到长安。在这十五年间，他访遍了当时的名僧大德，读完了当时所有的佛教经典，仍觉得不能通达，疑问颇多。这时，他听印度来华僧人明友谈到，印度那烂陀寺讲学的盛况非凡以及经典《瑜伽师地论》，便下决心赴印度留学取经。

唐太宗贞观二年（628），玄奘这一年二十九岁。他上书朝廷，请求去印度留学取经，官员却不为他引荐通报。于是，他就在长安向西边来的人学习语言，准备找机会西行。次年，中国北方遭受霜灾，朝廷准许让僧俗人等到丰收的地方寻找食物。玄奘就混杂在饥民中西行，经姑臧，出敦煌，次年到达高昌国。然后，在高昌国王及皇太后的资助下，他继续向西南行进，用了三年时间，经历了十六个国家，历尽艰难险阻，终于在三十三岁时，到了东印度摩伽陀国的那烂陀寺。

那烂陀寺是当时印度佛学的中心，主持者是当时印度著名的佛学大师戒贤，据说他已经一百零六岁了。相传，戒贤寿命如此长，是为了等待玄奘的到来，称为"留寿"。玄奘到那烂陀后，曾往王舍城瞻仰佛教胜迹。随后，他回到那烂陀寺学习佛学。他用了五年的时间，学习了《瑜珈》、《正理》、《显扬》、《因明》、《集量》、《中论》、《百论》等经典。然后，他又辗转到南印度、西印度、北印度，沿途求教访学名师。又用了五年，玄奘返回到那烂陀寺。至此，玄奘对于全部印度的佛教文化，包括印度古代婆罗门吠陀经典、佛教大小乘各派经典、因明学（逻辑学）、声明学（音韵学）、医学、工艺学都有了系统的学习。

玄奘在那烂陀期间，曾参与过多次佛学辩论。比如有个外道信徒来到那烂陀寺，写了四十条意见，要求与之辩论，声称若有破一条者，则斩首服输。按当时的风俗，辩论败了是要骑在驴上，用粪便浇顶，当众屈服，永为奴隶。玄奘出来驳倒了他，也就是著名的《制恶见论》。后来，玄奘受到印度戒日王的接见。他为王讲了《制恶见论》，又介绍了唐朝的《秦王破阵曲》。还为鸠摩罗国的童子王写了讲解佛教教义的《三身论》。戒日王在曲女城召开了万人大会，命众僧辩论教理。玄奘登台讲演，辩论所向披靡。十八天后，无人再敢应战，玄奘誉满全印度。

643年（贞观十七年），玄奘四十四岁，辞戒日王东归。度雪山，越葱岭，到于田，上表朝廷请求返回长安。两年后，玄奘于645年（贞观十九年）正月二十四日到达长安。当时，玄奘归来在长安造成了极大的轰动，道俗数十万人到京西迎接。使他不得不绕道西南朱雀门进城，结果沿途二十余里依然有很多人争相拜谒。

后来，在太宗的支持下，玄奘先后在弘福寺、玉华宫、慈恩寺开了译场。从贞观二十年，到高宗麟德元年，前后十八年，玄奘集中精力讲经、译经，共译出带回的佛经73部，1330卷，还把《老子道德经》译成了梵语。不论在数量上、质量上，他的成就都超过了前人。由他本人口授、门人辩机记录的《大唐西域记》，记述了他的经历见闻，其中亲到者110国，述及者130国，是研究西域及印度古史的可靠史料，至今仍被学界所重。他的佛教哲学思想，则集中在他六十岁时译出的《成唯识论》。这部书是以印度护法大师的著作为主，糅合了印度十家解释唯识论的著作而成，也有玄奘自己的见解。

664年，玄奘六十五岁，他预感自己即将圆寂，就召集弟子，询问他们是否还有关于佛学的疑问。二月五日中夜，弟子们问："和尚决生弥勒前不？"答曰："决定得生。"说完，玄奘气绝神逝。

四、内容旨要

《心经》的主要思想在于破除众生的执著之心，开悟得般若智慧，觉悟一切事物现象都是因缘和合的假有，因此其本性是"空"。因一切事物现象是"假有"故其本性为"空"，而"性空"又是不离"假有"而说性空，因此两者相即不离，既是"一"，又不是"一"。具体来说，在内容结构上全文大致可分为以下七个部分：

1. 总纲分。此分总括心经主要思想。经文从"观自在菩萨"到"度一切苦厄"，主要阐述菩萨修习的般若智慧法门，照见万事万物皆虚假不实，体性为空。众生想要达到这种得般若智慧的境界，就要破除我执，我执一除，就会自然度脱一切苦厄，出离生死苦海，到达涅槃彼岸。下面即是依此深入分析怎样"度一切苦厄"。

2. 色空分。此分意在讨论一切诸法与性空之间的关系，说明五蕴诸法与真如空性相即不离，不一不异。经文从"舍利子，色不异空"至"亦复如是"，是说一切诸法的本性是"空"，真如空性又不离一切诸法。也就是说，"假有"的本性是空，"性空"是"假有"的性空，不离假有。

3. 本体分。此分描述诸法本自具足的真如空性，这一真如空性实无生灭、垢净、增减等相。无相之相，即是真如空性的本来面目。经文从"舍利子，是诸法空相"到"不增不减"。

4. 妙用分。此分由体起用，以此般若智慧观照一切，可空一切相，破一切执著。经文从"是故空中"至"无智亦无得"。

5. 果德分。此分证果。通过以上所说的明体、起用、空相，而证明解脱之果。经文从"故知般若波罗蜜多"到"得阿耨多罗三藐三菩提"，破除一切执见之后，则能证得涅槃佛果。

6. 证知分。此分说明由证果而明白了知。经文从"故知般若波罗蜜多"至"真实不虚"，是在赞叹"般若智慧"的微妙甚深，从而回归全经主题，说明以般若智慧观照，空一切相，破一切执著，即能度除一切苦厄，这个道理是真实不虚的。

7. 秘密分。此分是以密咒表达不可思议的境界。经文从"故说般若波罗蜜多咒"至"菩提萨婆诃"。翻译经典有"秘密不翻"的原则，该段为秘密咒语，因此是梵文音译，不作翻译。

国学经典丛书

观自在菩萨①，行深般若波罗蜜多②时，照见③五蕴④皆空，度一切苦厄⑤。

　　【注释】　①观自在菩萨：又作观世音菩萨，以般若智慧观照彻见一切事物的假有性空，不为所动无所执著，自己已经得解脱并能度化他人得解脱的觉有情。观，以般若智慧观照，破除一切烦恼执著。自在，无所挂碍，随缘任运。菩萨，菩提萨埵的略称，意为觉有情，以智慧上求无上菩提，以悲下化众生，修诸波罗蜜行，于未来成就佛果的修行者。亦即自利利他二行圆满、勇猛求成佛者。②般若波罗蜜多：意为得智慧到彼岸。③照见：照，以般若智慧观照，见，彻见。以般若智慧观照彻见一切事物皆是因缘和合的假有，其本性为"空"。④五蕴：又作五阴、五众、五聚等。蕴，积集、类别。五蕴，即色蕴、受蕴、想蕴、行蕴、识蕴。佛教将一切物质和精神情感现象分成五蕴。色蕴为物质现象，后四者为一切精神与情感现象。色蕴，大致相当于物质现象。受蕴，在外界作用下产生的感受与精神知觉等作用，一般分为苦、乐、舍。想蕴，人们通过与外境接触，在心中产生事物种种大小、长短等概念名相的精神活动。行蕴，泛指一切驱使造作诸业的身心活动。识蕴，了别、认知认识的对象。五蕴皆空，指一切物质和精神现象都是因缘和合而生的假有，其本性是"空"。⑤苦厄：苦恼、烦恼、灾厄。

　　【译文】　观世音菩萨修习十分高妙玄深的般若智慧，达到究竟涅槃境界时，以般若智慧观照彻见一切物质和精神现象都是因缘和合而生的假有，一切假有当体即"空"，消除了一切烦恼灾厄及造业受苦的根源，而得涅槃解脱。

舍利子^①，色不异空，空不异色，色即是空，空即是色^②，受、想、行、识，亦复如是。

【注释】 ①舍利子：即舍利弗，是此经的当机者，佛陀十大弟子之一，佛弟子中"智慧第一"。其母为摩伽陀国王舍城婆罗门论师之女，出生时以眼似舍利鸟，乃命名为舍利，其子名为"舍利之子"。②色不异空，空不异色，色即是空，空即是色：此句主要是指明"色"与"空"是相即不离的。色，指一切物质现象。异，相异、离。空，虚空、真空，指一切物质现象都是因缘和合而生的，是无自性的，其本性是虚空。"色不异空"指一切物质现象因缘和合而生（假有），因此假有的本性是虚空（性空）。"性空"是假有的性空，性空不离假有，因此"空不异色"。因缘和合而生的"假有"本身当体即是"性空"，因此称"色即是空"。"性空"不离缘起的假有，"假有"是"性空"的随缘显现，故称"空即是色"。

【译文】 舍利弗，世间一切因缘和合而生的物质现象本来就与空相即不离，一切物质当体即空。因为一切因缘和合而生的物质其本性是"空"；本性的"性空"与假有的物质是不分离的；假有的物质本身当体即是"性空"；"假有"是"性空"的随缘显现。受、想、行、识等一切精神现象也应该这样用般若智慧来看待。

舍利子，是诸法空相^①，不生不灭，不垢不净，不增不减^②。

【注释】 ①诸法空相：一切物质和精神现象都是因缘和合而生，是无自性的，其实相为当体即"空"。诸法，一切物质现象和精神现象。空相，指诸法实相为空。②不生不灭，不垢不净，不增不减：一切假有当体即空的状态是不生、不灭、不垢、不净、不增、不减。这种境界下，没有任何的分别和执著，因此无生、灭、垢、净、增、减的分别。不生不灭，一切事物的"空性"是真常永住的，不会毁灭；此空性是本有的，并不是以般若智慧观照后所生出的。不垢不净，诸法实相本为"空"，无所谓净或垢，空性不会因为受到善恶因缘的熏习和染污而有净垢之分。不增不减，诸法实相之"空性"本是圆满无碍的，无法为之增减，如果有所增减就不称之为"圆满"了。

【译文】　舍利弗，五蕴等一切物质和精神现象都是因缘和合而生的，因此是假有。假有的一切事物当体即空，当体即是诸法实相。一切事物的"空性"是真常永住的，不会毁灭；此空性是本有的，并不是以般若智慧观照后所生出的。诸法实相本为"空"，无所谓净或垢，空性不会因为受到善恶因缘的熏习和染污而有净垢之分。诸法实相之"空性"本是圆满无碍的，无法为之增减。

是故，空中无色，无受、想、行、识；无眼、耳、鼻、舌、身、意①；无色、声、香、味、触、法②；无眼界，乃至无意识界；无无明，亦无无明尽，乃至无老死，亦无老死尽③；无苦、集、灭、道④，无智亦无得⑤。

【注释】　①眼、耳、鼻、舌、身、意：六根，指六种感觉器官，或认识能力。眼是视根，耳是听根，鼻是嗅根，舌是味根，身是触根，意是念虑之根。"根"即能生之义。②色、声、香、味、触、法：六尘，又作六贼。依于六根所接之尘。尘，即染污之义，因其能染污情识，使众生生出了种种虚妄分别心。色尘，眼所见者，如颜色光线等，能染污眼根。声尘，耳所闻者，如动静等，能染污耳根。香尘，鼻所嗅者，如通塞香臭等，能染污鼻根。味尘，舌所尝者，如咸淡甘辛等，能染污舌根。触尘，身所感者，如离合冷暖等，能染污身根。法尘，意所知者，如生灭善恶等，能染污意根。③无无明，亦无无明尽，乃至无老死，亦无老死尽：第一个"无"字意为"空"。尽，灭尽。乃至，一直到。这里指略去的十二因缘中除无明、老死外的另外十种因缘。十二因缘指：无明，痴愚，指对佛理无知，佛教认为无明是无始以来就有，是一切烦恼痛苦的总根源，众生因无明烦恼而生种种虚妄执著。行，由无明而引起的一切思想和行为，包括身、口、意三个方面，并且有善恶之分。识，托胎时的心识，是先于形体而存在，是由行的作用而使"识"投生于"行"

的相应处。名色，名即心，色即肉身，名色指投胎中已具身心的生命体。六入，即六根，五种感觉器官和思维器官。触，指胎儿出生后六根开始与外界接触。受，六根与外界接触后产生的苦、乐、不苦不乐三种感受。爱，由感受而产生的贪爱、欲望。取，由贪爱引起的种种追求索取的行为。有，思想和行为的实有；强调思想和行为作为"业"是不会消亡的，是实有的，必会招致相应的"果报"，以此确立业报轮回的思想。生，诞生，指爱、取、有而产生的果报导致了再生，强调人的生死轮回都是过去自我造业的结果。老死，有生必有死，生是死之因，要想不死只有不生，因此，佛教追求不生不灭的涅槃彼岸。总的来说，"十二因缘"把人生分为彼此互为条件、互为因果的十二个环节，来说明生死轮回的道理；是佛教为解释现实人生痛苦的根源和解脱之道而构建的一种理论。④苦、集、灭、道：四圣谛，全部佛教教义的总纲，是为了说明人生是苦，苦的原因是人的无明惑业，因此要修持佛道，断灭苦因，求得涅槃解脱，也就是所谓的"苦应知，集应断，灭应证，道应修"。据说佛陀当年悟道后，在鹿野苑首次说法（初转法轮），内容就是四圣谛。苦谛，世间一切本性为苦，这是佛教解脱理论的出发点，因为苦所以有解脱的必要；一般有"八苦"的说法，包括生、老、病、死、爱别离、怨憎会、求不得、五取蕴。集谛，承接苦谛而讲，解答人生痛苦如何聚集的问题；集，聚合痛苦的意思；佛教认为贪嗔痴等烦恼及所造之业是招致人生痛苦的根本原因。灭谛，指灭除烦恼痛苦，断除产生痛苦产生的根源，超脱生死轮回得解脱；这是佛教修行的最终目标。道谛，即灭苦之道，指实现解脱到达涅槃彼岸的方法与途径；佛教认为有八种正道，即"八正道"，分别是正见、正志、正语、正业、正命、正方便、正念、正定，后来随着佛教教义的发展，道谛内容逐渐丰富，被合称为"七科三十七道品"。⑤无智亦无得：智，般若智慧。得，这里指佛教的最终目标涅槃境界。意为菩萨修行断灭法执，对"般若智慧""涅槃彼岸"也不能有所执著，要明白"智"和"得"也是空，达到一切皆空的"真空"。

国学经典丛书

【译文】　因此，诸法实相的"空"，是没有一切物质现象，也没有一切精神现象。诸法实相的"空"，是没有眼、耳、鼻、舌、意等认识器官，也没有认识器官所接触的色、声、味、触、法。诸法实相的"空"，是没有眼的能力所能见到的范围，也没有耳、鼻、舌所能认识的范围，以至于意识所认识的范围也没有。诸法实相的"空"，是没有无明，也没有之前存在现在已经灭尽的无明，十二因缘中的行、识、名色、六入、触、受、爱、取、有、生，以至于老死都是这样的，没有老死，也没有之前存在现在已经灭尽的老死。诸法实相的"空"，是没有知苦、断集、修道、证灭四圣谛；也没有所要求得的般若智慧，也没有所谓的涅槃解脱境界。

以无所得故，菩提萨埵①，依般若波罗蜜多故，心无挂碍②。无挂碍故，无有恐怖。远离颠倒梦想③，究竟涅槃④。三世诸佛⑤，依般若波罗蜜多故，得阿耨多罗三藐三菩提⑥。

【注释】　①菩提萨埵：即菩萨，意译为觉有情。既是已经觉悟的众生，又是以觉悟众生为己任，因此有自觉和觉他两层含义。②挂碍：挂，牵挂；碍，妨碍、阻碍。意为众生被无明烦恼所阻碍，产生种种虚妄执著，不得自在。③远离颠倒梦想：指永远从执著于假有为真实的颠倒和虚妄不实的无明幻境中解脱出来。④涅槃：意为寂灭、圆寂，是佛教修行的最终理想和最高目标。⑤三世诸佛：指现于过去、现在、未来三世的一切佛。又称作一切诸佛、十方佛、三世佛。在佛教看来，佛教成立时，释迦牟尼被称为现在佛，在释迦牟尼以前的一切佛被称为过去佛，在释迦牟尼佛以后成佛的称为未来佛。⑥阿耨多罗三藐三菩提：指佛陀所觉悟的无上正等正觉、周遍无所不知的智慧。"阿耨多罗"意译为"无上"；"三藐三菩提"意译为"正遍知"，表示佛法真谛周遍而无所不包。

【译文】　由于并不存在所谓的涅槃解脱境界，所以菩萨按照得般若智慧到达涅槃解脱的法门修行，没有了烦恼执著牵挂阻碍。由于没有牵挂阻碍，所以不再有恐惧。从而永远从执著于假有为真实的颠倒和虚妄不实的无明幻境中解脱出来，达到了圆满的涅槃境界。十方三世的一切佛，也都是按照得般若智慧到达涅槃解脱的法门修行，而证得无上正等正觉、周遍无所不知的圆满涅槃境界。

故知般若波罗蜜多，是大神咒，是大明咒，是无上咒，是无等等咒①，能除一切苦，真实不虚。

【注释】 ①咒：这里指真言密咒，又称神咒、密咒或咒文，意即不能以言语说明的特殊灵力之秘密语。原作祝，是向神明祷告，令怨敌遭受灾祸，或欲祛除厄难、祈求利益时所诵念之密语。咒也叫"总持"，音译为"陀罗尼"，指能"总持"一切善法令其不失去，"总持"一切恶法令其不生起。印度古吠陀中即有咒术，咒是有力量的语言，能成就除恶生善的事实。咒有善咒、恶咒之别。如为人咒病或为防护己身者，即为善咒；咒诅他人令罹灾害者即为恶咒。

【译文】 因此，得般若智慧到涅槃彼岸的密咒是一种有大神力的咒，是一种具有大光明、照见一切皆空的咒，是一种至高无上、能成就无上佛果的咒，是一种绝对无与伦比的咒，它能消除众生一切的烦恼业障使之得解脱。这是真实存在，毫不虚妄的。

故说般若波罗蜜多咒，即说咒曰：
揭谛，揭谛，波罗揭谛，波罗僧揭谛，菩提萨婆诃①。

【注释】 ①揭谛，揭谛，波罗揭谛，波罗僧揭谛，菩提萨婆诃：梵文音译咒语，按照佛经翻译"五不翻"的原则该句不意译，直接音译。玄奘总结了翻译理论，提出"五不翻"原则，指出五种情况下不意译，直接音译。这五种情况分别是：多含不翻，如佛之尊号；秘密不翻，如咒语；尊重不翻，如般若等；顺古不翻，如阿耨多罗三藐三菩提等；此方无，不翻，如庵摩罗果等。

【译文】 所以，我在这里宣说得般若智慧到涅槃彼岸的密咒，也就是下面的咒语：
揭谛，揭谛，波罗揭谛，波罗僧揭谛，菩提萨婆诃。

国学经典丛书

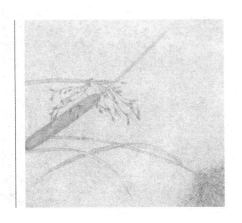

六祖大师法宝坛经

元　宗宝编

导　言

在中国僧人撰述的佛典中，被称作"经"的仅有《六祖坛经》（亦称《坛经》）一部。因为只有记述佛陀言教的著作才能被称为"经"，佛的弟子及后代佛徒的著作只能被称为"论"。可见，该经在中国佛教史上影响之大、地位之高。《坛经》是禅宗南宗的代表作。据载，六祖惠能大师在黄梅得法之后，回南方于曹溪宝林寺住持期间，应当地韶州韦刺史的邀请，在韶州大梵寺讲堂为僧俗一千余人宣说佛法。该经系门人依据其说法内容记录和整理而成。为方便读者阅读，导言部分从经题的含义、作者、内容旨要、版本及注疏等方面对该经做一简要介绍。

一、经题含义

"坛"是戒坛，法坛。该戒坛原是六祖惠能于唐仪凤元年（676）出家受戒的戒坛。此戒坛是南北朝刘宋时来华的印度僧人求那跋陀罗三藏创建，并且立碑预言："后当有肉身菩萨，于此受戒。"到了梁天监元年（502），又有智药三藏从西竺国航海归来，带回菩提树一株种植于戒坛之畔，并预言："后一百七十年，有肉身菩萨，于此树下开演上乘，度无量众，真传佛心印法主也。"

后来，果然如预言的那样，六祖惠能于此戒坛出家受戒，阐扬佛法。这便是"坛经"中"坛"字的由来。冠之以"经"，主要因为惠能的弟子"视能如佛"，认为他是肉身菩萨，他的法语如同佛经，故称之为《坛经》。

二、作者

《坛经》的作者惠能（638—713），唐代僧人，中国佛教禅宗六祖。俗姓卢，范阳（今北京大兴）人。惠能出生于唐贞观十二年（638）农历二月初八日，降生时满室红光，房内异常芳香。第二日，便有二僧造谒，并为其取名"惠能"，而且解释含义说："惠者，以法惠济众生；能者，能作佛事。"

660年，大师23岁，因卖柴时听到客商读诵《金刚经》而开悟，于是只身到湖北黄梅县东山禅寺跟随五祖弘忍大师学佛。五祖乃令其随从作务，劈柴踏碓八个多月。其时弘忍年事已高，欲传法衣钵。于是，五祖命众弟子各作一偈颂呈给他看，以考察弟子修学悟道的境界。当时，大弟子神秀呈偈云："身是菩提树，心如明镜台。时时勤拂拭，莫使惹尘埃。"弘忍以为神秀未见本性，未传给他衣法。惠能口诵一偈，题于壁上："菩提本无树，明镜亦非台，本来无一物，何处惹尘埃。"弘忍见此，唤惠能夜到堂内为其讲《金刚经》，并传以顿教衣钵，恐有人加害惠能，命他立刻南归。

惠能南归后，遵从五祖的授记，"逢怀则止，遇会则藏"，在怀集县冷坑上爱岭六祖岩隐居一年。661年，六祖大师进入四会，来到龙甫镇营脚灯盏岭扶卢山下，韬光养晦，隐匿行迹潜修默炼十五载。后于仪凤元年（676）正月初八到广州法性寺。

国学经典丛书

据载，当时印宗法师在该寺讲《涅槃经》，"时有风吹幡动，一僧曰：风动；一僧曰：幡动；惠能进曰：不是风动，不是幡动，仁者心动。"印宗闻之竦然，即于正月十五日为他落发，二月初八受具足戒。当时，大师得到佛教界一致公认成为法门领袖，在南华寺弘法37年。开元二年（713），惠能卒于新州国恩寺。韶、广二州门人，迎惠能遗体至曹溪南华寺供奉至今。

三、内容旨要

经文文字可以分为三部分：首先是惠能自述生平，基本反映惠能出身贫苦、黄梅得法、南归传禅的主要事迹；其次是惠能弘法所说内容，即其如何以空融有、直了心性、顿悟成佛的禅学思想；最后是惠能弟子对大师的请益以及他与弟子的问答。

全经集中保存了惠能禅宗南宗的主要思想，大致包括三个部分：一是融摄空有的禅学理论，二是即心即佛、自在解脱的解脱论，三是识心见性、顿悟成佛的修行观。三者中，核心是解脱论。具体来说：

1. 融摄空有的禅学理论。这与惠能的所言的"当下之心"关系密切。概括来说，惠能所说的"当下之心"是真如佛性与般若实相相结合的产物，反映出他融摄空有的思想特征。他所谓的"当下之心"，作为真如佛性，它具足一切清净功德。作为般若实相，它又不可修，不可执著固守。这也是为什么他的"解脱论"是从识心见性、自成佛道的角度提出，而不是从传统的缘起论角度展开。

2. 即心即佛、自在解脱的解脱论。惠能主张人人有佛性，皆能解脱成佛。但是，由于惠能的佛性论融摄了般若实相说，把自心佛性、众生与佛都归之于当下之心。因此，沿着这个理路往下，他强调即心即佛、生佛不二，也就是说众生与佛的区别在于当下之心的迷悟。由此，惠能注重直了见性，自在解脱。

3. 识心见性、顿悟成佛的修行观。识心见性是惠能南宗修行观的总原则。既然自心有佛，自性是佛，那么只要"识心见性"就能自成佛道。如此，"见性"即是"觉悟"。进而，惠能说"若起正真般若观照，一刹那间，妄念俱灭，若识自性，一悟即至佛地"。强调直了见性，他的"识心见性"最终落实在"顿悟成佛"之上。值得注意的是，惠能顿悟说的立论基础是人们当下的现实之心，所谓"觉悟"就是自性清净心的自然显现，这就决定了"觉悟"必是顿悟，并且就在人们当下一念之中得以实现：一念若悟，则众生是佛；一念迷，则佛是众生。这显然不是靠渐修达到的，因为"起念去修"本身就是一种执著，这与"觉悟"是相违背的。因此，他的顿悟说，与传统佛教主张的"渐修顿悟"不同，也与两晋时般若学者主张的立顿悟于"七地"的小顿悟、竺道生提倡的大顿悟都是不同的。同时，这一"顿悟说"也是惠能南宗与神秀北宗的主要区别。

四、版本与注疏

《坛经》在其长期流通的过程中出现了许多不同的版本。日本学者石井修道先生曾总结了十四种《坛经》版本。宇井伯寿先生《禅宗史研究》归纳了二十种《坛经》版本。杨曾文先生列举了近三十种《坛经》版本。柳田圣山先生所编的《六祖坛经诸本集成》收集中日两国十一个不同的版本等等。但是，学者通过对众多版本的研究，认为可将这些不同的版本分为不同的系统。

郭朋先生认为"真正独立的《坛经》本子仍不外乎敦煌本（法海本）、惠昕本、契嵩本、宗宝本这四个本子，其余，都不过是这四种本子中的一些不同翻刻本或传抄本而已"。

日本学者田中良昭先生在《坛经典籍研究概史》一文中认为：目前，《坛经》的版本系统，依驹泽大学禅宗史研究会所刊行之《惠能研究》，约可以分为五种：（一）敦煌本，（二）惠昕本，（三）契嵩本，（四）承继敦煌本系古本与契嵩本而再编的德异本，（五）主要承接契嵩本而再编的宗宝本。

洪修平先生认为"根据我们的研究，现有《坛经》真正有代表性的其实只有敦煌本、惠昕本和契嵩本三种，因为德异本和宗宝本实际上都是属于契嵩本系统的。但由于宗宝本是明代以来的通行本，所以……仍然把它作为一个独立的本子"。

王月清先生认为《坛经》在流传过程中，内容不断变化，迄今异本不下十几种，其中最有代表性的有：敦煌本、惠昕本、契嵩本、德异本和曹溪原本、宗宝本。

现根据前人研究，简要介绍以下五个版本：

1. 敦煌本

敦煌本是现存最早的《坛经》版本，由于下署"兼受无相戒弘法弟子法海集记"，故而又称法海本。郭朋先生认为："比较起来，法海本坛经，基本上确可以说是慧能语录。敦煌写本是《坛经》版本中的主要系统之一，存世的敦煌写本共有六种：旅顺博物馆藏敦煌写经本残片（旅本）；敦煌斯坦因本（斯本）；北京图书馆藏敦煌写本（北本）；敦煌县博物馆本（敦博本）；方广锠发现北京图书馆藏敦煌写本残片（方本）；西夏文写本残片（西夏本）。

2. 惠昕本

惠昕本分上下两卷共十一门，约一万四千余字。该本大约改变于晚唐或宋初，胡适称之为"是人间第二最古的《坛经》"，由于它最早发现于日本京都兴圣寺，又称兴圣寺本。兴圣寺的惠昕本题为《六祖坛经》，从前面的"依真小师邑州罗秀山惠进禅院沙门惠昕述"的署名可知此本的编者为晚唐（或说宋初）的惠昕和尚，并且他说明了在编纂时对《坛经》有所削删。

3. 契嵩本

全称《六祖大师法宝坛经曹溪原本》，约成书于宋仁宗至和三年（1056），一卷计十品，约两万余字，由宋代高僧契嵩改编。现存的是明代的本子，故也称"明藏本"或"曹溪原本"，从宋代工部侍郎郎简所作的《六祖坛经序》中的记载，我们知道这已经不是契嵩原来的改编了，为了指称明确，与其他的明藏本区别开来，我们仍约定俗成地称之为契嵩本。序中也介绍了这个本子是契嵩经过辛辛苦苦觅来的如实记载六祖大师言论的古本，后由工部侍郎郎简出资模印。

4. 德异本和曹溪原本

这两个本子基本上是源出于契嵩本，德异本题名为《六祖大师法宝坛经》，也是一卷十品，从序言中推断刊行于元至元二十七年（1290）。其编撰缘起为：在元代末年，僧人德异声称自己发现了《坛经》古本并着手刊印。杨曾文教授说："从明代开始，被称为'曹溪古本'的，也就是德异本。而德异本，很可能就是契嵩本。"即德异从通上人处得到的"古本"，很有可能是真正的契嵩改编本，假如德异在改编时没有再增删，那么这个德异本可能就是契嵩本。

5. 宗宝本

宗宝本几乎是明代以后唯一的流行本，从内容上看，也是属于契嵩改编本这个系统，全本一卷十品，共计两万多字。约成于元世祖至元二十八年（1291），为元代光孝寺僧人宗宝改编，宗

国学经典丛书

宝将三种《坛经》版本合校，编订了一个新的版本，题名为《六祖大师法宝坛经》，编撰者宗宝在跋文中声明了他对《坛经》错讹之处进行改正，简略之处进行了增补，还明确提到了附加了惠能与弟子的问答。根据校对可以看出，宗宝对《坛经》的改动主要在：首先，将古本中四个字的章节名称改为两个字；其次，将古本第一章分为了两章，将第九章、第十章合并为一章，在有些章节内，也有部分移动、分割的现象。还有就是对正文有所增加和删减。这些改动引起了一些反对和批评。由于它是明以后最流行的版本，具有不可取代的地位，故而引来的抨击更加强烈。但由于宗宝所改编的本子具有品目齐整、语言流畅、通俗易懂、文学色彩浓、可读性强等优点而广为流传，影响较大。因此，本书译注所使用的版本也是宗宝本。

比较这几个不同的《坛经》版本，我们可以看到，随着时间顺序的推近，《坛经》的字数不断在增加，从唐代法海本的一万二千字左右到北宋的契嵩本和元代的宗宝本的二万以上的字数。时间越晚，字数越多，这说明了《坛经》在其发展流布中，被惠能门人和惠能后学不断添加增改，最终得以形成现在的面貌。这一点在惠昕本和宗宝本的序言中都有记载。但是，《坛经》文本的变化本身就反映出禅宗思想的发展过程，对各个版本差异的研究成为禅学研究的重要领域。

此外，历史上关于《坛经》的注疏很多。比较重要的有契嵩的《法宝坛经赞》、天柱的《注法宝坛经海水一滴》五卷、袁宏道的《法宝坛经节录》、李贽的《六祖法宝坛经解》、恒璇的《法宝坛经要解》、益淳的《法宝坛经肯綮》五卷、青峦的《法宝坛经讲义》一卷、丁福保的《六祖法宝坛经笺注》一册、无著道忠的《六祖坛经生苔帚》三卷等。

国学经典丛书

行由品第一

时大师至宝林^①。韶州韦刺史^②与官僚入山，请师出于城中大梵寺^③讲堂为众开缘说法。

师升座^④次，刺史官僚三十余人、儒宗学士三十余人、僧尼道俗一千余人，同时作礼，愿闻法要。

大师告众曰：善知识^⑤，菩提^⑥自性，本来清净。但用此心，直了成佛。^⑦善知识，且听惠能行由得法事意。

【注释】　①宝林：即宝林寺，宋初重建后更名为南华禅寺，沿用至今。位于今广东省韶关市曲江区。该寺被称为"东粤第一宝刹"，寺内保存、供养有六祖慧能肉身像。②韶州：即今广东韶关市境内。韦刺史：即当时的韶州刺史韦璩（qú）。③大梵寺：在今韶关市曲江区境内，是刺史韦璩请六祖惠能讲《坛经》的地点。④升座：升高座宣讲佛法。⑤善知识：《法华文句》中载"闻名为知，见形为识。是人益我菩提之道，名善知识"。可见善知识指善修菩提正道，教众生离苦得乐的人。一般用来称呼普通的信众，多指向善且信解佛法的人。⑥菩提：梵语音译，"阿耨多罗三藐三菩提"的简称，意为"觉悟、智慧"，指断绝烦恼达到涅槃彼岸，是佛教的最高修行目标。⑦但用此心，直了成佛：这句话可以视为整个《坛经》的核心思想。意在指明众生的当下之心本来就具足了菩提智慧，它本性就是清静的，因为被无明烦恼所遮蔽，所以不能显现清净的自性。所谓的"成佛"即是当下之心的顿悟，也就是"心性本净，顿悟成佛"。

【译文】 当时，六祖惠能大师来到宝林寺。韶州刺史韦璩与他的同僚们进山，请惠能出山到城中的大梵寺讲堂为众人讲经说法。

惠能升讲法高座，刺史及官员三十余人，儒士三十余人，比丘、比丘尼和在家信众一千余人，同时向惠能行礼，希望能聆听他讲解佛法精要。

惠能告诉听法的众人：各位向善且信解佛法的人，众生的当下之心本来就具足了菩提智慧，它本性就是清静的，因为被无明烦恼所遮蔽，所以不能显现清净的自性。成佛的方法是当下之心的顿悟，本心的清净菩提智慧得以显现，即是成佛。各位善知识，请听我为大家讲述自己的经历和得法悟道的因缘。

惠能严父，本贯范阳①，左降流于岭南②，作新州③百姓。此身不幸，父又早亡。老母孤遗，移来南海④。艰辛贫乏，于市卖柴。

时有一客买柴，使令送至客店。客收去。惠能得钱，却出门外，见一客诵经。惠能一闻经语，心即开悟，遂问："客诵何经？"

客曰："《金刚经》⑤。"

复问："从何所来，持此经典？"

客云："我从蕲州黄梅县东禅寺⑥来。其寺是五祖忍大师⑦在彼主化⑧，门人一千有余；我到彼中礼拜，听受此经。大师常劝僧俗，但持《金刚经》，即自见性，直了成佛。"

惠能闻说，宿昔⑨有缘。乃蒙一客，取银十两与惠能，令充老母衣粮，教便往黄梅，参礼五祖。

惠能安置母毕，即便辞违⑩。不经三十余日，便至黄梅，礼拜五祖。

【注释】 ①本贯：籍贯、原籍。范阳：今河北省涿州市境内。②左降：因获罪而被贬降官职。岭南：原指五岭山脉以南的地区，相当于现在广东、广西、海南全境，以及湖南、江西等省的部分地区。③新州：今广东省新兴县一带。④南海：今广东省佛山市境内。⑤《金刚经》：全称《能断金刚般若波罗蜜经》，较为流行的版本是后秦鸠摩罗什于402年译出。该经旨在破除人们的执著之心。经中阐明万事万物是因缘和合而生，因此是"假有"，是无"自性"的，其本性是"空"。但是，"性空"和"假有"是相即不离的，真正的般若智慧是即"假有"谈"性空"，"性空"是"假有"的"性空"，因为是缘起的"假有"所以万物"性空"。⑥蕲（qí）州黄梅县东禅寺：在今湖北省黄梅县境内。⑦五祖忍大师：即禅宗第五祖弘忍大师（601－674），七岁，从四祖道信出家于蕲州黄梅双峰山东山寺，他与道信的禅法被称为"东山法门"。⑧主化：主持弘法，化导众生。⑨宿昔：从前、往日。⑩辞违：告辞，离别。

【译文】 惠能的父辈籍贯本是范阳，后来因为获罪而被贬流放到岭南，作新州的普通百姓。惠能出身不幸，父亲又过早离世。剩下惠能和母亲移居到南海这个地方。孤儿寡母生活过得很艰辛贫穷，惠能每天砍材到集市卖，以此来维持生计。

有一次，一个买柴的客人让惠能将柴送到客店。客人收下柴，惠能拿到柴钱碰巧走到门外的时候，看到有一位客人在朗诵佛经。惠能听到客人朗诵的经文，一下就开悟了，就问这个客人："请问你朗诵的是什么经？"客人回答说："我朗诵的是《金刚经》。"惠能又问："你从哪里来，拿着这么高妙的佛经？"客人回答说："我从蕲州黄梅县东禅寺来，禅宗五祖弘忍大师在那里主持弘法，化导众生，他有门人一千多位。我去寺中拜佛，听闻了这部经典并记授了下来。弘忍大师常常劝导出家的僧人和在家的居士奉受持行《金刚经》，就能显现自我清净的心性，顿悟成佛。"

惠能听了客人这番话，觉得自己跟佛法有前缘。此时，承蒙有一位客人赠送他白银十两，用以安顿老母亲的衣食，使他能安心、方便地前往黄梅拜

国学经典丛书

见弘忍大师。惠能安顿好母亲就辞别去往黄梅。不到三十多天的时间，他就到了黄梅东禅寺并拜见了五祖弘忍大师。

祖问曰："汝何方人，欲求何物？"

惠能对曰："弟子是岭南新州百姓，远来礼师，惟求作佛，不求余物。"

祖言："汝是岭南人，又是獦獠①，若为堪作佛？"

惠能曰："人虽有南北，佛性②本无南北；獦獠身与和尚不同，佛性有何差别？"

五祖更欲与语，且见徒众总在左右，乃令随众作务。

惠能曰："惠能启和尚，弟子自心常生智慧，不离自性，即是福田③。未审和尚教作何务？"

祖云："这獦獠根性④大利，汝更勿言，著槽厂⑤去。"

惠能退至后院，有一行者，差惠能破柴踏碓⑥。

经八月余。祖一日忽见惠能曰："吾思汝之见可用，恐有恶人害汝，遂不与汝言。汝知之否？"

惠能曰："弟子亦知师意，不敢行至堂前，令人不觉。"

【注释】　①獦獠：对当时南方少数民族的侮称，认为这些地区的人没有被文明所开化。②佛性：这里指成佛的可能性，成佛的内在依据。也作如来藏、真如、法性等。③福田：生福德之田。人们如果能行善修慧，就像农夫在田地中播种种子，会得到福慧之报，故名福田。④根性：根，能生，先天所生；习，后天的惯性。这里指惠能天资非凡，有好的根机。⑤槽厂：本义是指马棚。没有开悟的僧人常被称为驴马，因此这里代指僧人吃饭住宿的地方。⑥破柴踏碓：劈柴舂米。碓，一种利用杠杆原理给粮食去壳的工具，需要用人力脚踏。

【译文】　五祖问惠能："你是哪里人，到这里想要求得何物？"

惠能回答说："弟子是岭南新州的普通百姓，远道而来拜见大师，只为成佛，别无他求。"

五祖又问："你是岭南人，又是没有文明开化的獦獠，你这样怎么能够成佛？"

惠能说："人虽然有南方、北方之分，但成佛的可能性却没有南北方的差异。我的獦獠之身虽然与大师您的不同，但从成佛的可能性来说，我和大师有什么差别吗？"

五祖想要再和惠能谈论，但是看到徒弟们一直围在旁边，就让惠能随着大家一起去做事。

惠能就问五祖："弟子禀报师父，我自己的心本来就具足了圆满智慧，不离我的自性清净心就可以得福慧之报。不知道师父要我去做什么？"

五祖说："你这个獦獠根机不错，不要再说了，先去后院干活吧！"

惠能告退来到后院，有一个行者安排他去劈柴舂米。

就这样过了八个多月。有一天，五祖突然见到惠能，就对他说："我考虑到你对佛法的见解将来必有大用，我担心有人因为妒忌而加害于你。因此才不跟你多说，你知道我的用意吗？"

惠能回答说："弟子也知道师父的用意，所以从来不敢到大堂上去，免得让人有所觉察。"

祖一日唤诸门人总来："吾向汝说，世人生死事大。汝等终日只求福田，不求出离生死苦海，自性若迷，福何可救？汝等各去，自看智慧，取自本心般若①之性，各作一偈②，来呈吾看。若悟大意，付汝衣法③，为第六代祖。火急速去，不得迟滞。思量即不中用，见性之人，言下须见。若如此者，轮刀上阵亦得见之④。"

众得处分，退而递相谓曰："我等众人，不须澄心用意作偈，将呈和尚，有何所益？神秀上座，现为教授师⑤，必是他得。我辈谩作偈颂，枉用心力。"余人闻语，总皆息心。咸言："我等已后，依止⑥秀师，何烦作偈。"

神秀思惟："诸人不呈偈者，为我与他为教授师。我须作偈，将呈和尚；若不呈偈，和尚如何知我心中见解深浅？我呈偈意，求法即善，觅祖即恶，却同凡心夺其圣位奚别？若不呈偈，终不得法。大难！大难！"

五祖堂前，有步廊三间，拟请供奉卢珍⑦画《楞伽经》变相⑧及《五祖血脉图》⑨流传供养。神秀作偈成已，数度欲呈，行至堂前，心中恍惚，遍身汗流，拟呈不得。前后经四日，一十三度呈偈不得。

秀乃思惟："不如向廊下书著，从他和尚看见。忽若道好，即出礼拜，云是秀作；若道不堪，枉向山中数年受人礼拜，更修何道？"

是夜三更，不使人知。自执灯书偈于南廊壁间，呈心所见。偈曰：

"身是菩提树，心如明镜台。时时勤拂拭⑩，勿使惹尘埃。"

秀书偈了，便却归房，人总不知。秀复思惟："五祖明日见偈欢喜，即我与法有缘；若言不堪，自是我迷，宿业障重⑪，不合得法，圣意难测。"房中思想，坐卧不安，直至五更。

【注释】 ①般若：梵语音译，意为"智慧"，一般用来指佛法的无上智慧，不是指世俗凡夫的聪明智慧。②偈（jì）：即"偈颂"，佛经中一种略似于诗的有韵文辞，通常以四句为一偈。③衣法：衣指出家人的袈裟，法指正法。禅宗传承过程中，师父内传"法"于弟子以印证宗门的宗旨，外传"衣"于弟子以表示师承的真实可信。④轮刀上阵亦得见之：即使是在战场上挥舞大刀如车轮一般时，也能开悟。指无论在任何情况下都可以显现自性的般若智慧而开悟。⑤教授师：为弟子教授行住坐卧等仪轨的法师。⑥依止：依赖、止住。意指跟随修行高的大德，且不舍离。⑦供奉卢珍：供奉，官名，多为擅长文学艺术等技艺的人。卢珍，人名。⑧《楞伽经》变相：依据《楞伽经》的记载，用图画描绘镜中的故事等，以此来弘扬佛法。⑨《五祖血脉图》：从禅宗初祖达摩到五祖弘忍的法系传承图。⑩拂拭：擦拭，使洁净。⑪宿业障重：前世的恶业烦恼深重。宿业，指前世的善恶因缘。障，指烦恼。

【译文】　一天，五祖把所有的弟子都召集起来，对大家说："我跟你们讲，世间众人如何解脱是很重大的事情。你们只知道每天求福慧之报，不求脱离生死苦海的解脱之道。你们如果遮蔽了自己的自性清净心，光知道求福慧之报怎么能够得到救度？你们各自回去，用般若智慧观照你们自己的本心之性，每人作一个偈颂拿给我看。如果有人真正的开悟了般若智慧，我就把袈裟和正法传给他，他就是禅宗第六祖。你们火速回去，不要拖延。费心思虑是没有用的，真正开悟的人，当下就能显现。如果真是开悟之人，即使是在战场上挥舞大刀像车轮一般的时候，也能显现出般若智慧。"

众人得到吩咐后，回去后相互议论说："我们这些人不用静心思考耗费心力作偈颂，拿它呈送给师父又有什么用？神秀上座现在是教授师，必定是他得到衣法的传承。我们不要枉费心力作偈颂了。"剩下的人听到这个话，全打消了作偈颂的念头，都说："我们以后跟随神秀禅师就可以了，何必费心作偈颂？"

神秀心中暗自思量："众人不作偈颂是因为我是他们的教授师，我则要作一偈颂呈给师父。如果不呈给师父看，他怎么知道我心中对佛法理解的深浅。如果我呈送给师父看，求法悟道之心固然是善，但为了获取六祖之位就是恶。这与凡夫俗子煞费苦心谋求圣位有何区别？可是，不呈送偈颂就得不到正法，这可真是太让我为难了！"

五祖的堂前有三间走廊，原计划请卢供奉在上面画《楞伽经》里的故事和《五祖血脉图》，以便流传，得以供养。神秀写好偈颂后，几次想要呈给五祖，但每次走到堂前都心中恍惚，全身大汗淋漓，最终没有勇气呈上。前后经过了四天，神秀十三次想要呈送偈颂，但都没有成功。

神秀心想："不如我将偈颂写在走廊的墙上，五祖看到后如果夸赞写得好，我就出来礼拜五祖，承认是我写的。如果五祖说写得不好，我真是枉在山中修行数年受众人礼敬，我还修什么道呢？"

当天夜里三更时，神秀不让别人发觉，自己掌灯把偈颂书写于南边走廊的墙上，表达他对佛法的见解。这一偈颂的内容是："身是菩提树，心如明镜台。时时勤拂拭，勿使惹尘埃。"大意是自己的身体是菩提树，自己的心是明镜台。要经常擦拭使其洁净，不要使它沾染上尘埃。

神秀写完偈颂就回房间了，其他人全都不知道。这时，神秀又在思量："五祖明天如果看到偈颂后很高兴就说明我与佛法有缘；如果说写得不行，说明我没有开悟，前世的业障烦恼深重，不适合体悟真正的佛法，真正的佛法是难以猜度的。"他在房间里辗转反侧，思虑难眠，坐卧不安，一直到五更天。

祖已知神秀入门未得，不见自性。天明，祖唤卢供奉来，向南廊壁间绘画图相，忽见其偈，报言："供奉却不用画，劳尔远来。经云：凡所有相，皆是虚妄①。但留此偈，与人诵持②。依此偈修，免堕恶道③。依此偈修，有大利益。令门人炷香礼敬，尽诵此偈，即得见性。"门人诵偈，皆叹："善哉！"

祖三更唤秀入堂，问曰："偈是汝作否？"

秀言："实是秀作，不敢妄求祖位，望和尚慈悲，看弟子有少智慧否？"

祖曰："汝作此偈，未见本性，只到门外，未入门内。如此见解，觅无上菩提④，了不可得。无上菩提，须得言下识自本心，见自本性。不生不灭，于一切时中，念念自见，万法无滞。⑤一真一切真，万境自如如，如如之心，即是真实。⑥若如是见，即是无上菩提之自性也。汝且去，一两日思惟，更作一偈，将来吾看，汝偈若入得门，付汝衣法。"

神秀作礼而出，又经数日，作偈不成。心中恍惚，神思不安，犹如梦中，行坐不乐。

【注释】　①凡所有相，皆是虚妄：出自《金刚经》，意指世间万事万物都是假有虚幻，是不真实的。所有相，指因缘和合而生的一切事物。相，一切事物的外显的形状。该句后半段是"若见诸相非相，则见如来"，意思是只要认识到万事万物的虚妄不实，不去执著于它，就会生起般若智慧。②诵持：指念诵并遵照奉行。③恶道：与"善道"对称。道为通、道途之义。恶道指生前造作恶业，而于死后去往苦恶的处所。佛教中有"六道"之说，一般以地狱、饿鬼、畜生三者称为三恶道，阿修罗、人间、天上则称为三善道。此外，也有"四恶道"之说，指三恶道加上"阿修罗"。④无上菩提：佛、缘觉、声闻三乘所证得的觉智，称为菩提；佛之菩提是至高无上的，只有佛能证得，故称无上菩提。⑤"不生不灭"下四句：生，一切事物都是因缘和合生。灭，因缘离散而灭。依因缘离散而生灭的事物被称为"有为法"。不依因缘离散而生灭的存在被称为"无为法"。"不生不灭"意为常恒不变的存在，如"涅槃"。"于一切时中"，在一切过去、现在、未来的时间中，意为无论何时。"念念自见"，刹那间自性显现。念念，心念起灭的一刹那，指极短的时间。"万法无滞"，一切事物融通无碍。⑥"一真一切真"下四句：一真，又名一如，指不以因缘离散而存在的佛教最高真理。真，真如，离虚妄之义。如如，如于真如，指恒常不变、真实不虚的真如境界。

【译文】　五祖已经知道了神秀是还未真正悟得正法，还未识见自己与一切众生都具有的真如佛性。天亮后，五祖把卢供奉请来并带到南边走廊，准备请他绘制壁画，忽然看到墙上的偈颂，就对卢供奉说："供奉不用再画了，劳驾你远道而来。《金刚经》中说：凡世间万事万物都是假有虚幻，是不真实的。只留下这首偈颂，让众人念诵奉行，遵照这个偈颂去修学，可以避免坠入恶道。依照这个偈颂去修学会有很大的福报。让弟子们焚香礼敬，都来念诵这首偈颂！可以识见自己的真如佛性。"五祖的弟子们念诵这个偈颂，都赞叹写得高妙。

当天夜里三更时，五祖把神秀叫到自己的堂上，问他："墙上的偈颂是你作的吗?"

神秀回答说："确实是我作的，不敢妄想求得六祖的地位。希望师父能

国学经典丛书

发发慈悲，考察弟子是否有少许般若智慧？"

五祖说："你作的这个偈颂，还未识见自己的真如佛性。你现在参悟到的，只到了门外，还未入门内。依照你这样的见解，是不能获得至高无上的般若智慧达到佛的觉悟的。佛的觉悟是必须当下识见自己本心的真如佛性，并且认识到自己本心的真如佛性是恒常不变、真实不虚的。无论在任何时候，刹那识见真如佛性，了悟一切事物都是相互融通无碍的。体悟到真如佛性的真实不虚，也就认识到一切事物本性是具有真如佛性，一切事物本就具足恒常不变、真实不虚的真如境界。觉悟到这个道理自性清净心就如实显现，也就是恒常不虚的真如境界。如果有这样的知见，就觉悟到了至高无上的佛的境界。你先回去再考虑一两天，然后重新作一个偈颂拿来给我看。如果新的偈颂能开悟到佛法的真谛，我就将六祖之位传给你。"

神秀就向五祖行礼后出来。又过了几日，神秀写不出新的偈颂。他整日恍恍惚惚，心中不安，就像在梦游一样，吃饭、走路、休息都觉得闷闷不乐。

复两日，有一童子，于碓坊过，唱诵其偈。惠能一闻，便知此偈未见本性。虽未蒙教授，早识大意。遂问童子曰："诵者何偈？"

童子曰："尔这獦獠不知。大师言：'世人生死事大。欲得传付衣法，令门人作偈来看。若悟大意，即付衣法，为第六祖。'神秀上座于南廊壁上，书无相偈，大师令人皆诵，依此偈修，免堕恶道。依此偈修，有大利益。"

惠能曰："我亦要诵此，结来生缘。上人，我此踏碓，八个余月，未曾行到堂前。望上人引至偈前礼拜。"

童子引至偈前礼拜。惠能曰："惠能不识字，请上人为读。"

时有江州别驾①，姓张，名日用，便高声读。惠能闻已，遂言："亦有一偈，望别驾为书。"

别驾言："汝亦作偈，其事希有。"

惠能向别驾言："欲学无上菩提，不得轻②于初学。下下人有上上智，上上人有没意智③。若轻人，即有无量无边罪④。"

别驾言："汝但诵偈，吾为汝书。汝若得法，先须度吾。勿忘此言。"

惠能偈曰：

"菩提本无树，明镜亦非台。本来无一物，何处惹尘埃。"

书此偈已，徒众总惊，无不嗟讶⑤。各相谓言："奇哉！不得以貌取人。何得多时使他肉身菩萨⑥。"

祖见众人惊怪，恐人损害，遂将鞋擦了偈，曰："亦未见性。"众以为然。

【注释】 ①江州别驾：江州，地名，晋朝时置，隋朝改为九江郡，唐又改为江州，元朝为江州路，江西全省及湖北省的老武昌及其附近各县均属之。明清两朝为九江府，今江西省九江县即江州治所。别驾，官名，始于汉代设立的州长官的辅佐。因随从州官出巡辖境时，别乘驿车随行而得名。②轻：轻视。③没意智：智慧被埋没的，愚钝的。④无量无边罪：不可计量，广大而无边际的罪过。意指极大的罪过。⑤嗟讶：嗟，文言叹词。讶，惊奇，奇怪。意指感到惊讶、奇怪。⑥肉身菩萨：菩萨，指据大乘佛教教义修行而能够于未来成就佛道的修行者。肉身菩萨，以父母所生之肉身而至菩萨修行阶位的修行者。

【译文】 又过了两天，有一个从碓坊前经过的童子口中唱诵着神秀所作的偈颂。惠能一听就知道这首偈颂还没有认识到自己的本心本来就具有真如佛性。惠能虽然从未受到过点化指导，但心中早已识见佛法的真谛。于是，他问童子："你念的是什么偈颂？"

童子回答说："你这个未开化的人有所不知。五祖弘忍大师说：'世上众生脱离生死苦海是亟待解决的大问题。'他要选择传法弟子，就让弟子们各写一个偈颂呈给他看。如果谁觉悟了佛法真谛，就传衣法给他，让他作禅宗的第六代祖师。上座师神秀在南边走廊的墙上写了这首'无相偈'。五祖让众弟子都念诵这首偈。遵照此偈颂修学，可以免于坠入恶道。遵照此偈颂修学，会得到大的福报。"

惠能听后，就说："上人，我在这里踏碓舂米已经八个月了，从来没有走到过大堂上。希望你能带我到偈颂前去行礼敬拜。"

童子便带惠能到南边走廊偈颂前去礼拜。惠能说："我不认识字，请你为我朗读。"

这时，有一位江州别驾叫张日用，便高声朗读了神秀的偈颂。惠能听完以后便说："我也有一个偈颂，希望别驾能帮我书写在墙上。"

别驾说："你也作了一个偈颂？这件事听起来真是稀奇。"

惠能就对张别驾说："想要开悟至高无上的佛的境界，不能轻视初学佛法的人。下下等人中不乏具有上上等智慧的人，上上等人中也有愚钝无知的。如果看不起别人，就犯下了极大的罪过。"

张别驾听后便说："你说出你作的偈颂，我来为你书写。但是，如果你觉悟了佛法的真谛，一定得先来救度我。请你一定不要忘了这番话。"

惠能所作偈颂的内容是："菩提本无树，明镜亦非台。本来无一物，何处惹尘埃。"意思是无上菩提不是树所生出，心也不是明镜台。本来就没有本心之外的"真如"要求，当下之心本来就具足圆满的真如佛性，哪里会沾染上尘埃呢？

张别驾写完惠能所作的偈颂，众弟子无不感到惊讶，相互议论说："真是奇事，看来不能以貌取人，不知道何时惠能已成就了肉身菩萨。"

五祖见大家都感到惊讶，担心有人加害惠能，就拿鞋底把墙上的偈颂擦掉，并且说："这首偈颂也未识见真如佛性。"于是，众人也就都认为这个偈颂也未悟得佛法真谛。

次日祖潜至碓坊，见能腰石舂米，语曰："求道之人，为法忘躯，当如是乎！"

乃问曰："米熟也未[①]？"

惠能曰："米熟久矣，犹欠筛在^②。"

祖以杖击碓三下^③而去。惠能即会祖意。三鼓入室。

祖以袈裟遮围，不令人见。为说《金刚经》，至"应无所住而生其心"^④，惠能言下大悟"一切万法不离自性"。遂启祖言："何期自性，本自清净？何期自性，本不生灭？何期自性，本自具足？何期自性，本无动摇？何期自性，能生万法？"

祖知悟本性，谓惠能曰："不识本心，学法无益。若识自本心，见自本性，即名丈夫、天人师^⑤、佛。"

三更受法，人尽不知，便传顿教及衣钵。云："汝为第六代祖，善自护念，广度有情^⑥，流布将来，无令断绝。听吾偈。曰：有情来下种，因地果还生。无情既无种，无性亦无生。"

祖复曰："昔达磨大师^⑦，初来此土，人未之信，故传此衣，以为信体，代代相承。法则以心传心，皆令自悟自解。自古佛佛惟传本体，师师密付本心。衣为争端，止汝勿传，若传此衣，命如悬丝。汝须速去，恐人害汝。"

惠能启曰："向甚处去？"

祖云："逢怀^⑧则止，遇会^⑨则藏。"

惠能三更领得衣钵^⑩，云："能本是南中人，素不知此山路，如何出得江口？"

五祖言："汝不须忧，吾自送汝。"

祖相送直至九江驿^⑪。祖令上船，五祖把橹自摇。

惠能言："请和尚坐，弟子合^⑫摇橹。"

祖云："合是吾渡汝。"

惠能云："迷时师度，悟了自度，度名虽一，用处不同。惠能生在边方，语音不正，蒙师传法，今已得悟，只合自性自度。"

祖云："如是如是。以后佛法，由汝大行。汝去三年，吾方逝世。汝今好去，努力向南，不宜速说，佛法难起。"

惠能辞违祖已，发足南行。

【注释】　①米熟也未：以"米熟"来暗喻悟道。此句是五祖在问惠能是否开悟了。②犹欠筛在：此句是惠能暗答五祖，说自己已经悟道，只欠五祖的印可。③以杖击碓三下：此句是五祖暗示惠能今夜三更来见他。④应无所住而生其心：应无所住，就是对一切都不执著，若能一切不住，即是实相境界。心，这里指自性清净心，是无所执著而生之心。⑤丈夫、天人师：丈夫，此处指"调御丈夫"，"调御丈夫"是佛十大名号之一，意为佛能调御一切可度之丈夫，使其能入修道。天人师，为如来十大名号之一，又作"天人教师"，谓佛陀为诸天与人类之教师，开示一切应作不应作、是善是不善，若能依教而行，不舍道法，就能得解脱之报，故称"天人师"。⑥有情：即有情众生，指人类、诸天、饿鬼、畜生、阿修罗等有情识的众生；而草木瓦砾、山河大地等为无情众生。⑦达磨大师：即菩提达磨（？—535），为中土禅宗初祖。⑧怀：指怀集县，今天的广西梧州。⑨会：指四会县，今天的广东新会。⑩衣钵：指"三衣"及"一钵"。三衣，指九条衣、七条衣、五条衣三种袈裟。钵，乃修行僧之正式食器，为出家众所有物中最重要者。禅宗之传法即传其衣钵于弟子，称为"传衣钵"，因此引申为师者将佛法传授于继承者。⑪九江驿：湖北黄梅的一个驿站名。⑫合：理应。

【译文】　第二天，五祖悄悄来到碓坊，看到惠能腰上拴着一块大石头在舂米，就说："求悟佛法真谛之人，为了佛法忘却自身，就应像惠能这样。"

五祖接着问惠能："米是否熟了？"

惠能回答说："米早已成熟了，就差用筛子筛了！"

五祖用拄杖在碓石上敲了三下便离开了，惠能马上明白了五祖的用意，便在当天夜里三更时来到了五祖的房间。

五祖用袈裟把门窗遮起，不让别人看到，为惠能讲授《金刚经》。当讲到"应无所住而生其心"这句时，惠能当下开悟了，明白了"一切万法不离自性"的佛法真谛。惠能禀告五祖说："没有想到自性本来就是清净的；没有想到自性本来就是不生不灭的；没有想到自性本来就具足了圆满的真如佛性；没有想到自性本来就是不会受到动摇的，没有想到自性本来就具足了能显现为万法的真如佛性。"

五祖知道惠能已悟得佛法真谛，就对惠能说："不能识见自己的自性清净心，修习佛法是没有用的。如果能参悟自己的本心，显明自性清净心，那么达到如此境界就可以被称为大丈夫、天人师和佛。"

五祖夜晚三更时传授惠能佛法真谛，众人皆不知晓。五祖把禅宗顿悟法门和衣钵传给了惠能，并告诉他："你现在是禅宗第六代祖师，一定要珍惜护持你的善念，普度天下众生，使禅门教法将来广泛流布于天下，不要使它中断失传。听我为你诵偈：有情来下种，因地果还生。无情即无种，无性亦无生。"

五祖接着说："当年禅宗初祖达磨大师刚从印度来到中土弘传佛法时，人们都不相信他。因此，他传下这件袈裟作为信物，用来作代代相传以之为信。顿悟法门则是以心传心，心心印证，都要自己开悟方可得解脱。自古以来，诸佛所传的是佛法之真谛，祖师们代代秘密相传的教法是识见自性清净心。衣钵是佛门争夺法统的祸端，传到你手里就不要再往下传了。你若再传这件袈裟，性命就会有危险，如同系千钧于一发。你必须要尽快离开这里，我担心有人想要加害于你。"

惠能听罢，问五祖："弟子应该往何处去？"

五祖回答说："逢到地名带'怀'字的地方就停下来，遇到地名带'会'字的地方就隐居起来。"

在三更时得五祖所传衣钵后，惠能说："我本是岭南人，素来不知道这里的山路怎么走，我该如何才能到江边渡口？"

五祖说："你不必担忧，为师会亲自送你。"

五祖一路把惠能送到了九江驿。五祖让惠能上船，并拿起船橹亲自摇起来。

惠能说："师父您请坐，理应弟子来摇船橹。"

五祖说："理应是我度你到彼岸。"

国学经典丛书

惠能说："我未开悟时师父度我，我开悟了就应当自己度自己。同样是度，师度和自度用处却不一样。我生在边远的地方，连语言、口音都不纯正。承蒙师父传授给我佛法真谛，才得以开悟，理应以自性清净心度自己。"五祖说："是的，是的！以后佛法大意要靠你来弘传广布了。你离开这里三年后，我才会圆寂。你今天好生离去，努力向南边走。我传你的顿悟法门不适宜过早地宣讲弘传，现阶段佛法很难兴盛起来。"

惠能辞别五祖后，踏上了南行的路。

两月中间，至大庾岭^①，逐后数百人来，欲夺衣钵。

一僧俗姓陈，名惠明。先是四品将军，性行粗糙，极意参寻^②，为众人先。趁及惠能，惠能掷下衣钵于石上，曰："此衣表信，可力争耶？"

能隐草莽中，惠明至，提掇不动^③。乃唤云："行者行者，我为法来，不为衣来！"

惠能遂出，盘坐石上。惠明作礼云："望行者为我说法。"

惠能云："汝既为法而来，可屏息诸缘^④，勿生一念，吾为汝说。"

明良久。惠能云："不思善，不思恶，正与么时，那个是明上座本来面目^⑤？"

惠明言下大悟。复问云："上来密语密意^⑥外，还更有密意否？"

惠能云："与汝说者即非密也。汝若反照，密在汝边。"

明曰："惠明虽在黄梅，实未省自己面目。今蒙指示，如人饮水，冷暖自知。今行者，即惠明师也。"

惠能曰："汝若如是，吾与汝同师黄梅，善自护持。"

明又问："惠明今后向甚处去？"

惠能曰："逢袁则止，遇蒙则居。^⑦"

明礼辞。

国学经典丛书

【注释】 ①大庾岭：在今江西大庾南、广东南雄北，是"五岭"之一。②极意参寻：费尽心思积极地追踪寻找。③提掇不动：提拉不动。④屏息诸缘：指调整呼吸，集中心神，消除对一切事物的攀缘执著。⑤本来面目：摒弃烦恼、染污的自性清净心。意指本心已具足了真如佛性，开显其本来面目就是得解脱。⑥密语密意：密语，演说佛法真谛的语言。密意，佛法真谛。⑦袁：袁州。蒙：袁州蒙山，今江西宜春境内。后来，惠明居于此地。

【译文】 不到两个月，惠能到了大庾岭，后面还跟着追逐而来，想来抢夺衣钵的几百人。

有一个僧人俗姓陈，法名惠明，以前是四品将军，性格行为比较粗鲁。他费尽心思积极地追踪寻找惠能，并跑到众人的前面赶上了惠能。惠能将衣钵扔在石头上，说："这件袈裟是传承佛法真谛的象征，岂是可以用武力来争夺的呢？"

惠能隐藏于草丛中。惠明追上后，想要拿石头上的袈裟，却怎么也拿不起来，袈裟丝毫未动。惠明就大喊："行者，行者，我是为佛法真谛来的，不是为抢夺袈裟而来的！"

于是惠能便从草丛中走出来，盘坐在石头上。惠明向他行礼并说："请求行者为我讲解佛法真谛。"

惠能说："既然你是为佛法真谛而来，可以调整呼吸，集中心神，消除对一切事物的攀缘执著，我为你讲解佛法真谛。"

惠明按照的惠能的指引静坐了许久。惠能说："不要执著于思量善，也不要执著于思量恶。在这种境界里，什么是惠明上座你的本心的本来面目呢？"

惠明听后恍然大悟，又问："除了刚才您所传的密语密意，您还有其他的佛法真谛吗？"

惠能回答说："跟你讲了就不是秘密了。你如果能够以般若智慧观照本心，明白本心本已具足真如佛性，佛法真谛就在你那边。"

惠明说:"我虽一直在黄梅修学,但并未开悟识见认识自己本心的本来面目。今日承蒙您的开示,明白了悟道就像人喝水一样,凉热只有自己知道。从今往后,您就是我的师父!"

惠能听罢,说:"你如果是这么认为,你就与我共同以黄梅的五祖为师,今后好生护持你的善念。"

惠明又问:"我今后应该去往何处?"

惠能说:"碰到地名带'袁'字的地方就停下来,遇到地名带'蒙'的地方就在那里安居。"

惠明听罢,向惠能行礼后辞别而去。

惠能后至曹溪①,又被恶人寻逐。乃于四会②避难猎人队中,凡经一十五载。时与猎人随宜说法。猎人常令守网,每见生命,尽放之。每至饭时,以菜寄煮肉锅。或问,则对曰:但吃肉边菜。

一日思惟:时当弘法,不可终遁。遂出至广州法性寺③,值印宗法师④讲《涅槃经》。时有风吹幡动,一僧曰风动,一僧曰幡⑤动,议论不已。

惠能进曰:"不是风动,不是幡动,仁者心动。"

一众骇然。印宗延至上席,征诘奥义。见惠能言简理当,不由文字。宗云:"行者定非常人。久闻黄梅衣法南来,莫是行者否?"

惠能曰:"不敢。"

宗于是作礼,告请传来衣钵,出示大众。宗复问曰:"黄梅付嘱,如何指授?"

惠能曰:"指授即无,惟论见性,不论禅定⑥解脱。"

宗曰:"何不论禅定解脱?"

能曰:"为是二法,不是佛法。佛法是不二⑦之法。"

宗又问："如何是佛法不二之法？"

惠能曰："法师讲《涅槃经》，明佛性是佛法不二之法。如高贵德王菩萨白佛言：'犯四重禁，作五逆罪，及一阐提⑧等，当断善根佛性否？'佛言：'善根有二：一者常，二者无常。'佛性非常非无常，是故不断，名为不二。一者善，二者不善，佛性非善非不善，是名不二。蕴之与界，凡夫见二，智者了达其性无二，无二之性即是佛性。"

印宗闻说，欢喜合掌，言："某甲讲经，犹如瓦砾；仁者论义，犹如真金。"于是为惠能剃发，愿事为师。惠能遂于菩提树下，开东山法门。

【注释】 ①曹溪：位于韶州（今广东曲江东南）的一条河，因流经曹侯村而得名。因六祖惠能长期在此弘法，后来成了禅宗南宗的代称。②四会：地名，今广东新会。③广州法性寺：今广州西北部的光孝寺。④印宗法师（627—713）：唐代吴郡人。在法性寺宣讲《涅槃经》，遇惠能开示得以悟道，并以惠能为师。⑤幡：旌旗。原为战场上所用，佛教用以显示佛菩萨降魔之威德。⑥禅定：禅，梵语"禅那"的音译略称，意为"思惟修"、"静虑"。定，梵语"三昧"的意译，意为定止，不离散。⑦不二：指超越了二元对立，离两边超越了一切现象的分别。⑧一阐提：善根断尽，不具佛性难以成佛的人。

【译文】 惠能后来到了曹溪，又被恶人追逐，不得不在四会避难于猎人的队伍里，就这样过了十五年。这期间他常对猎人方便说法。猎人们经常让他看守捕捉猎物的网，他每当看到有活着的猎物就将它们放生。每当到吃饭时，惠能总是借用肉锅将蔬菜煮熟了吃。当被问起原因时，惠能就回答：我只吃肉边的蔬菜。

一天，惠能暗想：现在应该是弘扬佛法的时候了，我不能一直这样隐居下去。于是惠能就离开四会来到广州法性寺，恰好碰上印宗法师在讲《涅槃经》。当时一阵风吹动旌旗，一个僧人说这是风在动，另一个僧人说这是旗在动，两人争论不休。

这时，惠能就走进来说："不是风动，也不是旗动，是诸位的心在动。"

众人听后都感到很惊讶。印宗法师就将惠能请到上席就座，向他请教佛法真谛。他见惠能所说的都简单明了，允当如法，不拘泥于语言文字的表达，就问："行者一定不是寻常的人，我早就听说黄梅五祖的衣钵传人来到了南方，莫非就是您？"

惠能回答说："不敢当。"

印宗赶忙向惠能行礼，并请求他将五祖所传袈裟拿出来展示给众人。

印宗接着问惠能："五祖所传的佛法真谛是如何讲解的？"

惠能说："五祖并没有讲授什么。只是谈论了明心见性，并没有讲修禅定得解脱。"

印宗问："为什么没有讲修禅定得解脱呢？"

惠能说："因为修禅求解脱是有分别、有主客对待的法，不是真正的佛法。佛法是不二之法。"

印宗又问："什么是佛法的不二之法呢？"

惠能说："你讲《涅槃经》，应该明白识见真如佛性是佛法的不二法门。比如光明普照高贵德王菩萨对佛说：'触犯了杀生、盗窃、邪淫、撒谎四种根本戒；触犯了杀父、杀母、杀阿罗汉、分裂僧团和伤害佛身体的五逆罪，还有不信佛法，断绝一切善根的一阐提等等，应当都是没有佛性和断绝善根了吧？'佛说：'善根有两种，一个是恒常不变的，另一个是转瞬即逝的。'佛性既不是恒常不变也不是转瞬即逝，因此是不生不灭的，这就是佛法的不二之法。五戒十善是善，五逆十恶是不善，而佛性既不是善也不是不善，超越了善与不善的分别，这就是佛法的不二之法。五蕴十八界，未开悟的人看到的是事物的差别，开悟的人明了通达一切事物的本性是无差别的，这无差别的本性就是佛性。"

印宗听了惠能的宣说心中充满欢喜。他向惠能合掌礼敬，说："我对佛经的讲解就像瓦块石头一样毫无意义。您谈论的佛法大义就像纯金一样珍贵。"

于是，印宗为惠能削发，并希望拜惠能为师。惠能就在菩提树下传授五祖的东山顿悟法门。

惠能于东山得法，辛苦受尽，命似悬丝。今日得与史君、官僚、僧尼、道俗同此一会，莫非累劫之缘①？亦是过去生中，供养诸佛，同种善根，方始得闻如上顿教得法之因。教是先圣所传，不是惠能自智。愿闻先圣教者，各令净心，闻了各自除疑，如先代圣人无别。

一众闻法，欢喜作礼而退。

【注释】 ①累劫之缘：连续数劫，意指时间极长。《大智度论》卷三十八，以时间之最小单位为"念"，最大单位则称为"劫"。

【译文】 惠能从五祖那里得受佛法真谛，受尽苦难，常常命悬一线。今日能够与韦刺史，以及各位官员、僧尼道俗一同在这里举办法会，难道不是因为连续数劫积下的善缘才成就的吗？也是过去前世中，供养礼敬诸佛菩萨，一同种下的善根，才有了今日得以听闻至高无上顿悟法门的因缘。此顿悟法门是历代祖师传授下来的，并不是惠能自己的智慧。如果希望聆听先圣所传下的佛法真谛，请大家各自保持心的清静，听了之后，消除各自心中的痴愚烦恼障，那样各位的境界就和历代祖师没有区别了。

众人听了惠能宣讲的佛法，内心充满欢喜，礼拜后退了出去。

般若品第二

次日，韦使君请益①，师升座，告大众曰：总净心念"摩诃般若波罗蜜多②"。复云：善知识！菩提般若之智，世人本自有之，只缘心迷，不能自悟，须假大善知识，示导见性。当知愚人智人，佛性本无差别，只缘迷悟不同，所以有愚有智。吾今为说摩诃般若波罗蜜法，使汝等各得智慧，志心谛听，吾为汝说。

善知识！世人终日口念般若，不识自性般若，犹如说食不饱。口但说空，万劫③不得见性，终无有益。

善知识！摩诃般若波罗蜜是梵语④，此言大智慧到彼岸。此须心行⑤，不在口念。口念心不行，如幻、如化、如露、如电。口念心行，则心口相应。本性是佛，离性无别佛。何名摩诃？摩诃是大，心量广大，犹如虚空⑥，无有边畔，亦无方圆大小，亦非青黄赤白，亦无上下长短，亦无嗔无喜，无是无非，无善无恶，无有头尾。诸佛刹土⑦，尽同虚空。世人妙性本空，无有一法可得。自性真空⑧，亦复如是。

善知识！莫闻吾说空，便即著空。第一莫著空；若空心静坐，即著无记空⑨。

善知识！世界虚空，能含万物色像，日月星宿，山河大地，泉源溪涧⑩，草木丛林，恶人善人，恶法善法，天堂地狱，一切大海，须弥诸山⑪，总在空中。世人性空，亦复如是。

善知识！自性能含万法是大，万法在诸人性中。若见一切人恶之与善，尽皆不取不舍，亦不染著，心如虚空，名之为大，故曰摩诃。

【注释】　①请益：指高僧大德为弟子说法。②摩诃般若波罗蜜多：梵语音译，意为乘此大智慧，则能得解脱到涅槃彼岸。摩诃，意为大。般若，指智慧。波罗蜜，意为到彼岸。③万劫：劫为古印度表示时间的最大单位。万劫指经历世界之成坏一万次，用以形容表示时间极长。④梵：古印度人认为自己所说的语言是秉承大梵天王所说而来的，故称梵语。相对于一般民间所用之俗语，梵语又称雅语。⑤心行：心的活动、变化。⑥虚空：虚无空寂。⑦刹土：梵语音译，意译为土田，这里指国土。⑧真空：万事万物的自性空，是真实不虚的。因为自性空不是因缘和合而生的假有，故称"真"；因为自性空是离言绝相，不著相的，故称"空"。⑨无记空：对善、不善皆不可分别的空。⑩溪涧：两座山之间的深沟。⑪须弥诸山：指须弥山及其外围的八个山。须弥山意译作妙高山，此山是由金、银、琉璃、水晶四宝所成，所以称妙；诸山不能与之相比，所以称高。

【译文】 第二天，韦刺史请惠能大师继续说法。惠能大师登上讲法高座，对台下听法的众人说：大家都清静自己的心念，念诵"摩诃般若波罗蜜多"。又说：善知识！菩提般若智慧，世上的人本来都有，只是由于自心迷惑，而不能自己开悟，必须依靠具有大智慧的大善知识来指导，才能识见自己的清净本性。我们应该知道，愚人和智人佛性是没有差别的。只是由于迷惑和开悟的状态不同，所有才有了愚智之分。我现在为大家说摩诃般若波罗蜜法，使你们都得到智慧，请大家用心听讲，我来为你们宣说。

善知识！世上的人们整天念诵般若想要求得大智慧，却不能识见自己本性中的般若智慧，这就好比说吃是不解饱的。如果只是嘴上说空，历经万劫这么长的时间，也不能识见自己的本性，终究在修学法上是不会有进步的。

善知识！"摩诃般若波罗蜜"是梵语，用我们的话说，意思是大智慧到彼岸。这必须要内心体悟，而不是口头上念诵。嘴上念诵而内心不去体悟，"大智慧到彼岸"将如同梦幻泡影，像晨露和闪电转瞬即逝，全都是一场空。口中念诵，内心体悟，才能心口一致。人的清静本性就是佛，离开本性没有别的成佛可能性。什么叫摩诃呢？摩诃是大。人心之量广大无限，虚空无障碍，无边无际，没有方圆，没有大小，没有青黄红白，也没有上下长短，没有发怒和欢喜，没有是非，没有善恶，没有开端和结尾。一切佛国净土，都等同于虚空。世人的本性原来就是空，并没有一个所谓的"教法"可得。所谓"自性"是真正的"空"，也就是这个道理。

善知识！不要听到我谈论空，便立刻又执著于空。首先是不要执著于空，如果只是让心里空无所想而静坐，又落入了无记空，也就是虽无善恶分别但又成虚妄了！

善知识！世界虚空，却能包含万事万物，各种现象，日月星辰，山河大地，泉源溪涧，草木丛林，恶人善人，恶法善法，天堂地狱，所有的大海，须弥山及其周围的山，都全部含纳于虚空之中。世人的自性真空，也是这样的。

善知识！人的自性能含藏一切万法，这就是大。万法存在个人的自性本心之中。如果看到一切人的善和恶，都能够不生取舍之心，也不被沾染，不起执著，心仍如同虚空一样，这样就称之为大，所以称为"摩诃"。

善知识！迷人口说，智者心行。又有迷人，空心静坐，百无所思，自称为大。此一辈人，不可与语，为邪见^①故。

善知识！心量广大，遍周法界^②。用即了了分明，应用便知一切。一切即一，一即一切。去来自由，心体无滞，即是般若。

善知识！一切般若智，皆从自性而生，不从外入，莫错用意，名为真性自用。一真一切真。心量大事^③，不行小道。口莫终日说空，心中不修此行。恰似凡人自称国王，终不可得，非吾弟子。

善知识！何名般若？般若者，唐言^④智慧也。一切处所，一切时中，念念不愚，常行智慧，即是般若行。一念愚即般若绝，一念智即般若生。世人愚迷，不见般若。口说般若，心中常愚。常自言我修般若，念念说空，不识真空。般若无形相，智慧心即是，若作如是解，即名般若智。

何名波罗蜜？此是西国语，唐言到彼岸，解义离生灭。著境生灭起^⑤，如水有波浪，即名为此岸；离境无生灭，如水常通流，即名为彼岸，故号波罗蜜。

善知识！迷人口念，当念之时，有妄有非。念念若行，是名真性^⑥。悟此法者，是般若法，修此行者，是般若行。不修即凡，一念修行，自身等佛。

善知识！凡夫^⑦即佛，烦恼^⑧即菩提。前念迷即凡夫，后念悟即佛。前念著境即烦恼，后念离境即菩提。

【注释】 ①邪见：与"正见"相对，凡是不合正法的外道之见都可叫作邪见。②法界：这里泛指有为、无为之一切诸法。③心量大事：指扫除心对外境所起的种种度量，使其转迷开悟的大事。④唐言：指汉语。⑤著境生灭起：由于人们对认知对象产生执著，有了种种思维、行动，也就是"造业"，所造之业继而引起生死轮回。境，外境，这里泛指一切认知对象。⑥真性：不虚假，不变化的真实本性。不妄叫真，不变叫性。⑦凡夫：指迷惑于外境、流转于生死的凡人。就修行阶位而言，则未见四谛之理而平庸识浅者，均称凡夫。⑧烦恼：使有情之身心发生恼、乱、烦、惑、污等精神作用的总称，一般以贪、嗔、痴三毒为一切烦恼的根源。

【译文】 善知识！执迷不悟的人终日只会嘴上说空，有智慧的人就会用心体悟，身体力行。还有一种愚昧的人，放弃思考，心中空无所想地静坐，什么都不思考，自称这就是大。这一种人，不能与他谈论，因为他所持是邪见。

善知识！自性清净心无量广大，含藏遍布万事万物。自性清净心的具体显现就是"用"，以此来观照万物就能看清楚他们的区别性；识见万事万物的自性皆为空，以此来观照便能体悟万事万物共同性。万事万物的自性皆为空，自性空本就具足在万事万物中。来去自由，自性清净心无所滞碍，这就是般若之智。

善知识！一切般若智慧，都是从自性中生发出来的，而不是从外面进来的。不要用错心思，才能被称为清静的自我本性。识见清静自性，以此观照则知万事万物自性为空。转迷开悟的大事，不能用心无所想地静坐这种小道来获得，不要整天只会嘴上说空而不去修学体悟。这就好像凡人称自己为王，但他终究不能实现，这种人不是我的弟子。

善知识！什么叫作般若？般若，翻译成汉语就是智慧的意思。一切地方，一切时间，念念都不痴迷愚昧，永远能用智慧观照，这就是修行般若。任何一个念头迷愚，般若智慧便立刻断绝，一个念头开悟，般若智慧又立刻生起。世人痴迷愚昧，无法体悟般若智慧。嘴上说着般若，心中却一直执迷

国学经典丛书

不悟。自己总是称自己在修行般若，嘴上总是在说空，却不能识见真空。般若智慧没有形态相状，智慧的心就是般若，如果这样理解，就是般若智慧。

什么是波罗蜜？这是印度语言，翻译成汉语是到彼岸，意思是离生死。执著于外境一切事物现象，就会产生生灭的心念，如同水产生了波浪，这种情形称为此岸；超离外境一切事物现象，就会如同流淌无碍的水一样自然，这称为彼岸，所以叫波罗蜜。

善知识！执迷不悟的人口中念诵的时候，就会产生虚妄之念和是非分别心。口中念诵的如果能够时刻实行，就称为不妄不变的真性。悟到的这个法就是般若法，修持这个法的就是般若行。不修持就是凡夫俗子。一念能修持，自身就是佛。

善知识！凡夫就是佛，烦恼就是菩提。前一念执迷则当下就是凡夫，后一念转迷得悟则当下就是佛。前一念执著于外境则当下就是烦恼，后一念超离外境则当下是佛。

善知识！摩诃般若波罗蜜，最尊最上最第一，无住①无往亦无来，三世诸佛②从中出。当用大智慧，打破五蕴烦恼尘劳③，如此修行，定成佛道，变三毒④为戒定慧。

善知识！我此法门⑤，从一般若生八万四千智慧。何以故？为世人有八万四千尘劳。若无尘劳，智慧常现，不离自性。悟此法者，即是无念⑥。无忆无著，不起诳妄，用自真如⑦性，以智慧观照，于一切法，不取不舍，即是见性成佛道。

善知识！若欲入甚深法界及般若三昧⑧者，须修般若行，持诵金刚般若经，即得见性。

【注释】①无住：指随缘而起，无固定的实体；或指心不执著于一定的对象，不丧失其自由无碍作用。②三世诸佛：过去、现在、未来三世众多的佛，统指出现于三世的一切佛。又称作一切诸佛、十方佛、三世佛。在佛教成立时，释迦牟尼佛称为现在佛，在释迦牟尼佛以前的一切佛称为过去佛，在释迦牟尼佛以后成佛的称为未来佛。③尘劳：烦恼的异称。贪嗔痴等引起的烦恼，能染污心识，犹如尘垢能使身心劳惫，因此称为尘劳。④三毒：指贪、嗔、痴三种烦恼。贪是贪爱五欲，引起无厌之心；嗔是嗔恚无忍，引起恚忿之心；痴是愚痴无明，引起迷暗之心。一切烦恼本通称为毒，这三种烦恼，毒害众生出世善心最甚，故特称三毒。⑤法门：佛陀的教法。佛陀所说，而作为世间准则者，称之为"法"；此法既是入道的通过之处，又为如来游履之处，故称为"门"。⑥无念：无妄念，"正念"的异名。⑦真如：真实不虚而永远不变者，故称之为真如。真，真实不虚妄；如，不变其性。真如是一切万有的根源，含藏遍布于万事万物。又被称作如如、如实、法界、法性、实际、实相、如来藏、法身、佛性、自性清净身、一心、不思议界。⑧般若三昧：得到佛法智慧的禅定境界。

【译文】　善知识！摩诃般若波罗蜜，最尊贵，最至上，最第一位，它随缘而起，无来无往。过去世、现在世、未来世，三世诸佛，都从这里出来。应当用这个大智慧，破斥消除人的烦恼。照这样来修行，一定能成就佛道，将贪、嗔、痴三毒转化为戒、定、慧三学。

善知识！我这个法门，能从这般若中产生八万四千种智慧。这是什么原因呢？由于世上的人原本有八万四千种烦恼。如果没有烦恼，智慧就会永远显现，不离自性。参悟到这个法门的，就是无念、无忆、无著，不产生欺骗、狂妄的言行。用自己的真如佛性，以智慧观照一切事物现象，不执取也不厌弃，就是明心见性，成就佛道。

善知识！如果要想进入更深的法界和般若禅定境界，必须修行般若，信奉受持念诵《金刚般若波罗蜜经》，就能明心见性。

当知此经功德①，无量无边。经中分明赞叹，莫能具说。此法门是最上乘，为大智人说，为上根人说。小根小智人闻，心生不信。何以故？譬如大龙下雨于阎浮提②，城邑聚落，悉皆漂流，如漂枣叶。若雨大海，不增不减。若大乘人，若最上乘人，闻说金刚经，心开悟解，故知本性自有般若之智，自用智慧，常观照

国学经典丛书

故，不假文字。譬如雨水，不从天有，元是龙能兴致，令一切众生、一切草木、有情无情，悉皆蒙润。百川众流，却入大海，合为一体。众生本性般若之智，亦复如是。

善知识！小根之人，闻此顿教，犹如草木根性小者，若被大雨，悉皆自倒，不能增长。小根之人，亦复如是。元有般若之智，与大智人更无差别，因何闻法不自开悟？缘邪见障③重，烦恼根深，犹如大云覆盖于日，不得风吹，日光不现。般若之智亦无大小，为一切众生自心迷悟不同。迷心外见，修行觅佛，未悟自性，即是小根；若开悟顿教，不能外修，但于自心常起正见，烦恼尘劳，常不能染，即是见性。

善知识！内外不住，去来自由，能除执心，通达无碍。能修此行，与般若经④本无差别。

善知识！一切修多罗⑤及诸文字，大小二乘⑥，十二部经⑦，皆因人置，因智慧性，方能建立。若无世人，一切万法本自不有。故知万法本自人兴，一切经书，因人说有。缘其人中有愚有智，愚为小人，智为大人。愚者问于智人，智者与愚人说法，愚人忽然悟解心开，即与智人无别。

【注释】 ①功德：行善所获的果报。②阎浮提：这里泛指人间世界。阎浮是树的名称；提是洲的意思。译为秽洲、秽树城，乃盛产阎浮树的国土。此洲为须弥山四大洲之南洲，故又称南阎浮提、南阎浮洲、南赡部洲。③障：指障害涅槃、菩提，妨碍出离的烦恼，是烦恼的异名。④般若经：宣说、阐明般若波罗蜜之理的佛教经典总称。⑤修多罗：梵语音译，本意指由线与纽串连花簇，意译为契经、正经、贯经，能贯穿法义使不散失。佛陀教法中凡属直说长行者，皆属于修多罗。⑥大小二乘：大乘、小乘。大乘是菩萨的法门，以救世利他为宗旨；小乘是声闻缘觉的法门，以修身自利为宗旨。若从经藏里的经典来说，四阿含等罗汉系经典为小乘，般若、法华、华严等菩萨系经典为大乘。⑦十二部经：

佛陀所说法，依其叙述形式与内容分成十二种类。在中国佛教中，十二部经泛指一切佛典。

【译文】 应当知道这部经的功德，是无量无边的。对此赞叹的内容，经中说得很明白，这里不能一一细说。这个法门是最上乘的，是专为有大智慧的人说的，是为有上等根器的人说的。小根、小智的人听了不会相信。为什么呢？比如龙王降大雨在我们居住的世界，城池村落，全部会被雨水冲垮，如同树叶一般顺水飘流。如果大雨是落在大海之中，则大海不会有增减。如果是大乘根器的人，最上乘根器的人，听到《金刚经》就会豁然领悟。并且知道本性中原本就具足般若智慧，自己运用这个智慧来观照一切，不用借助、拘泥于文字。譬如雨水，并不是天上有才落下的，而是龙能兴云致雨，使一切众生，一切草木，有情和无情，都蒙受润泽雨水的恩泽。一切河流，都归大海，雨水与海水又合为一个整体。众生本性具足的般若智慧，也是这样。

善知识！小根器的人，听闻了顿教法门，如同幼小的草木，一旦被大雨冲刷，全部自己倒伏在地，不能再生长了。小根器的人，也是如此。他们本来是具足般若智慧的，与大根器大智慧的人没有差别，为什么听闻到顿教法门却不能自己开悟呢？都是因为邪见障碍深重，烦恼根植于心中太深，好像浓密的乌云遮蔽了太阳，又没有大风吹散，阳光就无法显现出来。般若智慧也是没有大小之分的，只是因为一切众生自心迷障和开悟的程度不一样。执迷的人只见心外之境，于心外修行，苦觅佛道，没有悟得自性，这就是小根器的人。如果领悟了顿教法门，不向心外修行，只要在自我本心中永远生起正见，一切烦恼不能染污，这就是识见自我本性。

善知识！对内境和外境都不起执著，来去自由，能够去除执著之心，就能通达而无障碍。能够如此修行，所达到的境界就和《般若经》所说的没有差别。

善知识！一切经典和文字，大乘小乘经典，十二部经，都是为人设置的，因为人本来具足智慧之性，所以佛法能够依此建立。如果没有世人，一切事物和现象原本也都不存在。由此可知一切事物现象原本是由人所兴起的。一切经典文字，因为人说才会存在。由于世人有愚有智，愚痴是小根器的人，智慧是大根器的人。愚迷的人向智慧的人请教，智慧的人给愚迷的人说法，愚迷的人忽然得悟开解，随即他就与智慧的人没有差别了。

善知识！不悟即佛是众生；一念悟时，众生是佛。故知万法尽在自心，何不从自心中，顿见真如本性？

菩萨戒经①云：我本元自性清净，若识自心见性，皆成佛道。净名经②云：即时豁然，还得本心。

善知识！我于忍和尚处，一闻言下便悟，顿见真如本性。是以将此教法流行，令学道者顿悟菩提，各自观心，自见本性。若自不悟，须觅大善知识，解最上乘法者③，直示正路。是善知识有大因缘④，所谓化导⑤令得见性。一切善法⑥，因善知识能发起故。三世诸佛，十二部经，在人性中本自具有，不能自悟，须求善知识，指示方见。若自悟者，不假外求。若一向执谓须他善知识方得解脱者，无有是处。何以故？自心内有知识自悟。若起邪迷，妄念⑦颠倒，外善知识虽有教授，救不可得。若起正真般若观照，一刹那间⑧，妄念俱灭。若识自性，一悟即至佛地⑨。

善知识！智慧观照，内外明彻，识自本心。若识本心，即本解脱。若得解脱，即是般若三昧，即是无念。何名无念？若见一切法，心不染著，是为无念。用即遍一切处，亦不著一切处。但净本心，使六识⑩出六门，于六尘⑪中无染无杂，来去自由，通用无滞，即是般若三昧，自在解脱，名无念行。若百物不思，当令念绝，即是法缚⑫，即名边见⑬。

【注释】　①菩萨戒经：姚秦鸠摩罗什翻译的佛教戒律书《梵网经·菩萨心地戒品第十》，此经主要讲述大乘佛教的十重戒和四十八轻戒。②净名经：指《维摩诘经》。玄奘将《维摩诘经》译为《无垢称经》，玄奘以后则皆以《净名经》称之。③解最上乘法者：觉悟禅宗南宗顿悟教义的人。④因缘：产生结果的直接原因和间接原因。凡一事一物之生，本身的因素叫作因，旁助的因素叫作缘。⑤化导：教化引导。⑥善法：与"恶法"相对，指合乎于"善"的一切道理，具体指五戒、十善、三学、六度。⑦妄念：无明、迷妄的心念。⑧一刹那间：瞬间、时间的最小单位的意思。⑨佛地：达到成佛的境界。⑩六识：指眼、耳、鼻、舌、身、意六种认识作用。眼、耳、鼻、舌、身、意称为六根，也叫六门，以六根为依，对色、声、香、味、触、法六境，产生见、闻、嗅、味、触、知、眼识、耳识、鼻识、舌识、身识、意识等。⑪六尘：指色尘、声尘、香尘、味尘、触尘、法尘六境。此六尘在心之外，故称外尘。此六尘犹如盗贼，能劫夺一切善法，使人产生执著之念，故称六贼。⑫法缚：执著于法，思想被所知所见所束缚。⑬边见：遍于一边、不合中道、执断执常的见解名为边见。

【译文】　善知识！不觉悟时，佛也会成为众生；一个念头得悟时，众生就能成佛。由此可知，一切事物现象都存在于自我本心之中，为什么不从自我本心中当下顿悟，识见真如本性呢？

《菩萨戒经》中说："我自己的本性原来就是清净的，如果明见心性，都能成就佛道。"《净名经》说："当下立刻豁然开悟，能够得以识见自性清净心。"

善知识！我在弘忍大师那里，一听便当下领悟，顿悟识见真如本性。故而我将这顿教法门流布行化，让学道的人都领悟顿见佛法无上智慧，各自观照本心，自己识见本性。如果自己不领悟，必须找寻大的善知识、能理解最上乘佛法的人，直接指示正确的开悟之路。作为善知识，他们都与佛法有很大的因缘，通过所谓的教化和引导，令人得见自我本性。一切善的道理，都是由于善知识们发起的缘故。过去、现在和未来的一切佛，十二部经，在人的自我本性中是本来具足的。如果不能自我开悟，必须求助于善知识，指导开示才能识见自性清净心。如果能够自我开悟的人，是不需借助外力的。如果执著于必须依赖别的善知识才能得到解脱，这是不正确的。为什么呢？因为自己的本心本就具足般若智慧可以自我开悟。如果生起邪见执迷兴起，胡

国学经典丛书

思乱想本末颠倒，外在的善知识尽管有所教导，也无法挽救他的执迷不悟。如果以真正的般若智慧进行观照，一刹那间，虚妄杂念全部寂灭。如果识见清静自性，一下开悟便达到佛的境界。

善知识！运用智慧观照，就内外通明透彻，识见自性清静心。如果识见自性清静心，就是解脱。如果得到解脱，就是得般若智慧的禅定境界，就是无念。什么叫作无念？如果本心不被任何事物现象所染，不起执著，就叫作无念。运用时能遍一切处所，又不执著于任何一处。只要清净本心，使眼识、耳识、鼻识、舌识、身识、意识六识从眼、耳、鼻、舌、身、意六门中空去，在色、声、香、味、触、法六尘中不被浸染，不被扰杂，来去自由，运用通达无所滞碍，就是得般若智慧得禅定境界，就是自在解脱，称之为无念修行。如果任何事物都不思虑，让思绪绝灭，这又是执著于法了，被法所束缚了，这叫作偏于一边的恶见，也就是所谓得边见。

善知识！悟无念法者，万法尽通；悟无念法者，见诸佛境界；悟无念法者，至佛地位。

善知识！后代得吾法者，将此顿教法门，于同见同行，发愿①受持，如事佛故，终身而不退者，定入圣位②。然须传授从上以来默传③分付，不得匿其正法。若不同见同行，在别法中，不得传付，损彼前人，究竟无益。恐愚人不解，谤此法门，百劫千生，断佛种性④。

善知识！吾有一无相⑤颂，各须诵取。在家出家，但依此修。若不自修，惟记吾言，亦无有益。听吾颂曰：

说通及心通，如日处虚空；唯传见性法，出世破邪宗。

法即无顿渐，迷悟有迟疾；只此见性门，愚人不可悉。

说即虽万般，合理还归一；烦恼暗宅中，常须生慧日。

邪来烦恼至，正来烦恼除；邪正俱不用，清净至无余。

菩提本自性，起心即是妄；净心在妄中，但正无三障⑥。

世人若修道，一切尽不妨；常自见己过，与道即相当。

色类⑦自有道，各不相妨恼；离道别觅道，终身不见道。

波波度一生，到头还自懊；欲得见真道，行正即是道。

目若无道心，暗行不见道；若真修道人，不见世间过。

若见他人非，自非却是左；他非我不非，我非自有过。

但自却非心，打除烦恼破；憎爱不关心，长伸两脚卧。

欲拟化他人，自须有方便；勿令彼有疑，即是自性现。

佛法在世间，不离世间觉；离世觅菩提，恰如求兔角。

正见名出世，邪见是世间；邪正尽打却，菩提性宛然。

此颂是顿教，亦名大法船；迷闻经累劫，悟则刹那间。

师复曰：今于大梵寺说此顿教，普愿法界众生言下见性成佛。时韦使君与官僚、道俗闻师所说，无不省悟。一时作礼，皆叹：善哉！何期岭南有佛出世！

【注释】 ①发愿：发起誓愿的意思。②圣位：三乘人证得菩提之果位。指断尽见惑之初果圣者。③默传：禅宗师家教导弟子不以言语或文字直言明示，而以心传心，令其自悟佛法奥义，见性成佛。④断佛种性：断绝佛性，永远不能成佛。⑤无相：超离一切虚妄之相。⑥三障：三种成佛之道的障碍，分别是烦恼障、业障、异熟障（果报障）。⑦色类：有各种物质形体的众生，一般指世间的一切人。

【译文】 善知识！领悟了无念法门的人，通达万事万物；领悟了无念法门的人，就可以识见诸佛的境界；领悟了无念法门的人，就达到了佛的果位。

善知识！后代得到我所说法的人，需要将这顿教法门，和与他见地相同，立志同修的人，一起发起誓愿领受护持，如同信奉礼敬佛一样。那些一生保持不半途而废的，因这个缘故，必定能达到佛的果位。但是，必须传授历代祖师代代相传的"不立文字，直指人心"的传承和付嘱，不得隐匿宗门正法。如果不是见地相同，行法相同的人一起同修，而是在信奉外教的人之中，不可传法付嘱。这样对先贤有损，终究是没有好处的。担心愚昧痴迷的人不能理解，毁谤这个法门，这样的人百劫千生后会永远断了成佛的种性，不能成佛了。

善知识！我有一个无相颂，你们各自都要念诵接受。无论在家居士还是出家僧人，必须依照这个颂去修行。如果不依此自己修行，仅仅是记住我的话，也是没有用处的。诸位请听我念颂：

说通及心通，如日处虚空；唯传见性法，出世破邪宗。

法即无顿渐，迷悟有迟疾；只此见性门，愚人不可悉。

说即虽万般，合理还归一；烦恼暗宅中，常须生慧日。

邪来烦恼至，正来烦恼除；邪正俱不用，清净至无余。

菩提本自性，起心即是妄；净心在妄中，但正无三障。

世人若修道，一切尽不妨；常自见己过，与道即相当。

色类自有道，各不相妨恼；离道别觅道，终身不见道。

波波度一生，到头还自懊；欲得见真道，行正即是道。

目若无道心，暗行不见道；若真修道人，不见世间过。

若见他人非，自非却是左；他非我不非，我非自有过。

但自却非心，打除烦恼破；憎爱不关心，长伸两脚卧。

欲拟化他人，自须有方便；勿令破有疑，即是自性现。

佛法在世间，不离世间觉；离世觅菩提，恰如求兔角。

正见名出世，邪见是世间；邪正尽打却，菩提性宛然。

此颂是顿教，亦名大法船；迷闻经累劫，悟则刹那间。

大师又说：今天在大梵寺所说的这个顿教教法，愿普天之下的众生听闻之后能当下明心见性，成就佛道。当时韦刺史与官员们、僧人和在家俗众听了惠能大师所讲，没有不豁然醒悟的。于是大家都向惠能大师行礼致敬，赞叹说：太好了！谁能想到岭南这个偏僻的地方会有真佛出世！

疑问品第三

　　一日，韦刺史为师设大会斋①。斋讫，刺史请师升座，同官僚士庶②肃容再拜，问曰：弟子闻和尚说法，实不可思议。今有少疑，愿大慈悲，特为解说。

　　师曰：有疑即问，吾当为说。

　　韦公曰：和尚所说，可不是达磨大师宗旨乎？

　　师曰：是。

　　公曰：弟子闻达磨初化梁武帝③，帝问云：朕一生造寺度僧，布施④设斋，有何功德？达磨言：实无功德。弟子未达此理，愿和尚为说。

　　师曰：实无功德，勿疑先圣之言。武帝心邪，不知正法。造寺度僧，布施设斋，名为求福，不可将福便为功德。功德在法身中，不在修福。

　　师又曰：见性是功，平等是德。念念无滞，常见本性，真实妙用，名为功德。内心谦下是功，外行于礼是德。自性建立万法是功，心体离念是德。不离自性是功，应用无染是德。若觅功德法身，但依此作，是真功德。若修功德之人，心即不轻，常行普敬。心常轻人，吾我不断，即自无功。自性虚妄不实，即自无德。为吾我自大，常轻一切故。善知识！念念无间是功，心行平直是德。自修性是功，自修身是德。善知识！功德须自性内见，不是布施供养之所求也，是以福德与功德别。武帝不识真理，非我祖师有过。

　　【注释】　①大会斋：指在大法会中兼施斋饭。会，集会。斋，指正午以前的饭食。②士庶：士族和庶族。这里指广大信众。③梁武帝：
（464-549）南朝兰陵（江苏武进）人，姓萧名衍，字叔达。在位期间，
笃信佛教，有"皇帝菩萨"之称。天监十八年（519）从钟山草堂寺慧
约受菩萨戒；当时名僧僧伽婆罗、法宠、僧迁、僧旻、法云、慧超、明
彻等，皆受其礼敬。并在首都建康建寺七百余所，僧尼讲众常聚万人。
武帝一生精研佛教教理，固持戒律，四次舍身同泰寺，自讲涅槃、般若、
三慧等经；著有《涅槃经》、《大品经》、《净名经》、《三慧经》等之义
记数百卷。后因侯景起兵反叛，攻陷建康，于太清三年（549）饿死于台
城（今南京台城）。在位四十八年，世寿八十六。④布施：施与他人财
物、智慧等而求得累积功德，以致解脱的一种修行方法。

【译文】　一天，韦刺史为惠能大师举行大法会兼施斋饭。斋饭完毕
后，刺史请大师登上高座开讲，自己同其他官员及广大信众，整肃仪容，再
次庄重行礼致敬，问道：弟子听大师说法，令人无法用心思量，用口议论，
实在微妙。现在还有一点疑问，希望大师慈悲为怀，能为我解说开示。

惠能大师说：有疑惑你就问吧，我会为你解说。

韦刺史说：请问您所说的是达磨大师的宗旨吗？

惠能大师回答：是的。

韦刺史说：弟子听说，达磨最初度化梁武帝时，武帝问："我一生中建
造寺庙，敕度僧人，布施舍予，广设斋会，这有什么样的功德？"达磨说：
"实在是没什么功德！"弟子我不能理解这个道理，希望大师能为我解说。

惠能大师说：确实是没什么功德的，请不要怀疑先贤的话。梁武帝心中
生起邪见，不能理解正法。建造寺庙，敕度僧人，布施舍予，广设斋会，这
个叫作求获福报，却不可以把求福认为是功德。自身本来具足一切佛法的真
谛，功德也自存其中，而不在于行善求获福报。

惠能大师又说：明心见性就是功，平等无二就是德。每一个刹那都无所
滞碍，永远照见本心自性，真实不虚，发挥妙用，这就是功德。内心谦虚处
下就是功，外行合乎于理就是德。自我本性含藏万法就是功，自心本体超离
俗念妄想就是德。不离开自心本性是功，运用自心本性而无所浸染是德。如

果寻求功德的本性，只要依照这些来做，就是真正的功德。如果是修功德的人，心中就不会产生轻视，而始终奉行普遍的敬心。心中时常轻视他人，对自我的执著就不能断灭，自然没有功。自我心性如果虚妄不真实，就自然是没有德的。这是因为一贯以自我为大，对"我"的执著太重，时常轻视一切的缘故。善知识！时时刻刻，念念相续无间就是功，依平常心顺直而行就是德。自我修行心性是功，自我修行身行是德。善知识！功德必须在自心本性中识见，而不是通过布施舍予，供养奉侍来求得的，所以福德与功德是有区别的。梁武帝正是不能认识到这个真理，并非是我们的达磨祖师言行有什么不对。

刺史又问曰：弟子常见僧俗，念阿弥陀佛①，愿生西方②。请和尚说，得生彼否？愿为破疑！

师言：使君善听，惠能与说。世尊在舍卫城中，说西方引化，经文分明，去此不远。若论相说里数，有十万八千，即身中十恶八邪③，便是说远。说远为其下根，说近为其上智。

人有两种，法无两般，迷悟有殊，见有迟疾。迷人念佛求生于彼；悟人自净其心。所以佛言：随其心净即佛土净④。

使君东方人，但心净即无罪。虽西方人，心不净亦有愆⑤。东方人造罪，念佛求生西方；西方人造罪，念佛求生何国？

凡愚不了自性，不识身中净土，愿东愿西；悟人在处一般。所以佛言：随所住处恒安乐。使君心地但无不善，西方去此不遥。若怀不善之心，念佛往生⑥难到。今劝善知识，先除十恶，即行十万；后除八邪，乃过八千。念念见性，常行平直，到如弹指，便睹弥陀⑦。

【注释】 ①阿弥陀佛：为西方极乐世界的佛，此佛光明无量、寿命无量，故称阿弥陀佛。②西方：指西方极乐世界，又称西方阿弥陀佛极乐净土。③十恶八邪：十恶，包括：（一）杀生；（二）偷盗；（三）

邪淫；（四）妄语；（五）两舌，即说离间语、破语；（六）恶口，即恶语、恶骂；（七）绮语，即杂秽语、非应语、散语、无义语，乃从染心所发者；（八）贪欲，即贪爱、贪取、悭贪；（九）嗔恚；（十）邪见，即愚痴。八邪，即反于八正道者。一邪见、二邪思惟、三邪语、四邪业、五邪命、六邪方便、七邪念、八邪定。④随其心净即佛土净：只要自心清净便是佛国净土，出自《维摩诘经·佛国品》。⑤愆（qiān）：罪过。⑥往生：往弥陀如来的极乐净土，谓之往，化生于彼土莲花中，谓之生。通常又以"往生"为"死"之代用词。⑦便睹弥陀：亲睹阿弥陀佛，是往生西方极乐世界的象征。

【译文】 韦刺史又问：弟子常常看到出家人和在家人，口中念诵阿弥陀佛名号，希望往生西方。请大师讲讲，这样真的能够往生到那里吗？希望大师为我们破斥疑惑。

大师说：韦刺史，你认真听我向你解说。释迦牟尼当年在舍卫城里，说到接引度化到西方极乐世界时，经文中说的清楚明白，西方极乐世界离现世并不遥远。但如果执著于相状，来说距离的里数，则有十万八千里之远，也就是身心中有了十恶八邪的障碍，所以说离西方极乐是遥不可及的。说它远，是因为针对的是根器下等的人；说近，则是因为针对的是具有上等智慧的人。

人有这两种之分，但佛法却没有这样的两种分别，只是因为执迷和开悟的不同，所以识见本心就有快慢之别。执迷的人称名念佛，祈求往生西方极乐；开悟的人则清净自我的本心。所以佛说："让自我本心清净，也就是佛土清净。"

韦刺史，你是东方人，只要自心清净便没有罪业。就算是西方人，若自心不清净也是有罪业的。东方人造罪业，还可以称名念佛祈求往生西方；西方人若造罪业，称名念佛又能求往哪一方呢？

凡夫执迷不悟而不能了知自我本性，不能识见自己身心中含藏有净土，所以才会希望往生东方、往生西方；而开悟的人则在哪里都一样。所以佛说：无论何时何地，随缘任运而保持恒久安乐。韦刺史心中只要没有不善之念，西方极乐世界就离此不远。如果心中怀有不善之念，即使称名念佛也无法往生西方极乐。现在我奉劝诸位善知识，先消除十恶，那么你就已经行了十万里；再除去八邪，你就又过了八千里。时时刻刻识见自心本性而不间断，如此常行直了修学，到西方极乐世界便很容易，就像弹指一样，便能够亲睹阿弥陀佛，往生极乐。

使君但行十善①，何须更愿往生？不断十恶之心，何佛即来迎请？若悟无生顿法，见西方只在刹那；不悟念佛求生，路遥如何得达？惠能与诸人移西方于刹那间，目前便见，各愿见否？

众皆顶礼②云：若此处见，何须更愿往生？愿和尚慈悲，便现西方，普令得见。

师言：大众！世人自色身③是城，眼耳鼻舌是门。外有五门，内有意门。心是地，性是王。王居心地上，性在王在，性去王无。性在身心存，性去身心坏。佛向性中作，莫向身外求。

自性迷即是众生，自性觉即是佛。慈悲即是观音，喜舍名为势至，能净即释迦，平直即弥陀。

人我是须弥④，邪心是海水，烦恼是波浪，毒害是恶龙，虚妄是鬼神，尘劳是鱼鳖，贪嗔是地狱⑤，愚痴是畜生。

善知识！常行十善，天堂⑥便至；除人我，须弥倒；去邪心，海水竭；烦恼无，波浪灭；毒害除，鱼龙绝。自心地上觉性如来，放大光明，外照六门清净，能破六欲诸天⑦。自性内照，三毒即除，地狱等罪，一时销灭，内外明彻，不异西方。不作此修，如何到彼？

大众闻说，了然见性。悉皆礼拜，俱叹善哉！唱言：普愿法界众生，闻者一时悟解。

【注释】 ①十善：即十善业，乃身口意三业中所行之十种善行为。②顶礼：两膝、两肘及头着地，以头顶敬礼，承接所礼者双足。③色身：

指有形质之身，即肉身。反之，无形者称为法身或智身。④人我是须弥：佛教认为世人由于"我执"、"法执"而造下了须弥山一般高的罪业。"人我是须弥"就是人、我二执犹如高山阻碍成佛之道。⑤地狱：六道中最苦的地方。凡所处的地方，只有苦受而没有喜乐的环境，皆可比喻为地狱。⑥天堂：与"地狱"相对，指天众所住的天宫。善人死后，依其善业所去往受福乐的地方。凡所处的地方，能有随心享乐的环境，皆可比喻为天堂。⑦六欲诸天：欲界有六重天，谓之六欲天，分别是四王天（有持国、广目、增长、多闻四王，故名四王天）、忉利天、夜摩天、兜率天、乐变化天、他化自在天。

【译文】 韦刺史，你只要奉行十善，又何必要再去往生西方极乐呢？如果不断灭十恶之心，又有什么佛来迎请接引你往生西方极乐呢？如果领悟了没有生灭的顿教教法，亲见西方极乐世界，只不过是瞬间就能达到的；不能开悟而称名念佛，但求往生，路有十万八千里之远，又如何能达到呢？惠能我能给诸位在一瞬之间搬来西方极乐世界，当下便可示现。各位是否希望看到？

众人都向大师行大礼，纷纷说：如果在这里能见，哪还需要再发愿往生西方呢？希望大师慈悲为怀，立刻就示现出西方极乐世界来，让大家全部都能看到。

惠能大师说：各位，世人的肉身就如同一座城池，眼睛、耳、鼻子、舌头等好像是城门。外面有五个门，里面还有一个意门。自心好比土地，自性好比帝王。帝王居于自心这块土地上，自性在，帝王在，自性无，帝王无。自性存在，身心存在，自性缺失，身心大坏。成佛之道要向自性中去求得，切不要向身外去求索。

自性被障蔽时，佛也是众生，自性被觉悟时，众生就是佛。如果能以慈悲为怀，当下就成观音；能乐于布施，当下就是大势至菩萨；能识见自性清净心就是释迦牟尼，能平等直了就是阿弥陀佛。

有人我二执时，障碍成佛之道如同须弥山，邪见心念如同无尽大海，烦恼生起就如同波浪涌动，心中歹毒害人之心像凶猛的恶龙，虚假妄念如同鬼

113

魅，在尘劳中奔波如同鱼鳖，心存贪欲嗔怒就是身陷地狱，愚昧无知就陷入了畜生道。

善知识！时常奉行十善，天堂便在眼前；消除人、我二执，须弥障碍就会轰然倒塌；去除贪爱执着之心，欲念之海立刻枯竭；烦恼不生如同波浪不兴；心中毒害之心消除如同恶龙鱼鳖尽绝。自心心地上觉悟如来佛性，放射智慧光明，将外在的眼、耳、鼻、舌、身、意六门照耀清净，把欲界的六重天清净破除。自性清净心向内映照，贪、嗔、痴三毒当即断除，应该堕入地狱受苦的罪业也顷刻除尽，内外通明透彻，就与西方极乐世界没有差别。不这样修行，怎么能到达彼岸的西方极乐世界呢？

大家听了惠能大师所宣说的佛法，立刻了然识见清净自性。于是，全都向大师顶礼膜拜，都赞叹并唱诵道："但愿世上的执迷众生，听到此法立刻就能开悟。"

师言：善知识！若欲修行，在家亦得，不由在寺。在家能行，如东方人心善；在寺不修，如西方人心恶。但心清净，即是自性西方。

韦公又问：在家如何修行？愿为教授！

师言：吾与大众说无相颂，但依此修，常与吾同处无别。若不依此修，剃发出家，于道何益？颂曰：

心平何劳持戒①？行直何用修禅？

恩则孝养父母，义则上下相怜。

让则尊卑和睦，忍则众恶无喧。

若能钻木出火，淤泥定生红莲。

苦口的是良药，逆耳必是忠言。

改过必生智慧，护短心内非贤。

日用常行饶益②，成道非由施钱。

菩提只向心觅，何劳向外求玄。

听说依此修行，西方只在目前。

师复曰：善知识！总须依偈修行，见取自性，直成佛道。时不相待，众人且散，吾归曹溪。众若有疑，却来相问。

时，刺史、官僚、在会善男信女，各得开悟，信受奉行。

【注释】　①持戒：守戒，受持佛所制的戒而不触犯，六度之一。②饶益：给人富裕、充足的法益。

【译文】　惠能大师说：善知识！如果想修行，在家中也是可以的，不一定非要到寺庙里。如果在家中也能坚持修行，恰如身处东方的人却能心存善行；即使身在寺中却不奉行修行，那就如同身在西方极乐却心存恶念。只要内心清净，就是在清净自性中得见西方极乐世界。

韦刺史又问：在家怎样修行呢？希望您能给我们教导指引。

大师说：我给大家说一个《无相颂》，只要依照这个颂修行，就如同和我在一起。如果不依照这个颂修行，即使剃度出家为僧，对于成佛也没有什么用处。

颂的内容是：

心平何劳持戒？行直何用修禅？

恩则孝养父母，义则上下相怜。

让则尊卑和睦，忍则众恶无喧。

若能钻木出火，淤泥定生红莲。

苦口的是良药，逆耳必是忠言。

改过必生智慧，护短心内非贤。

日用常行饶益，成道非由施钱。

菩提只向心觅，何劳向外求玄。

听说依此修行，西方只在目前。

大师又说：善知识！大家都必须依此偈颂修行，各自识见清净自性，直接成就佛道。佛法修行不容拖延，大家就散了吧，我回曹溪。大家如果有疑问，就去曹溪请教我。

当时，韦刺史与官员们，大法会上的善男信女们，各自都有所开悟，对惠能大师的教法深信不疑，遵守奉行。

定慧品第四

师示众云：善知识！我此法门，以定慧为本。大众勿迷，言定慧别，定慧一体，不是二。定是慧体，慧是定用，即慧之时定在慧，即定之时慧在定。若识此义，即是定慧等学。诸学道人，莫言先定发慧、先慧发定，各别。作此见者，法有二相。口说善语，心中不善，空有定慧，定慧不等。若心口俱善，内外一如，定慧即等。自悟修行，不在于诤；若诤先后，即同迷人。不断胜负，却增我法，不离四相①。

善知识！定慧犹如何等？犹如灯光。有灯即光，无灯即暗，灯是光之体，光是灯之用。名虽有二，体本同一。此定慧法，亦复如是。

师示众云：善知识！一行三昧②者，于一切处行住坐卧，常行一直心是也。净名经云：直心是道场③，直心是净土④。莫心行谄曲⑤，口但说直，口说一行三昧，不行直心。但行直心，于一切法勿有执著。迷人著法相⑥，执一行三昧，直言常坐不动，妄不起心，即是一行三昧。作此解者，即同无情，却是障道因缘。

善知识！道须通流，何以却滞？心不住法，道即通流。心若住法，名为自缚。若言常坐不动是，只如舍利弗⑦宴坐⑧林中，却被维摩诘⑨诃。

善知识！又有人教坐，看心观静，不动不起，从此置功。迷人不会，便执成颠，如此者众。如是相教，故知大错。

【注释】　①四相：我、人、众生、寿者相。②一行三昧：又名真如

国学经典丛书

三昧，或一相三昧，即把心定于一行而修正定。③道场：一般指修习佛法的场所，可作为寺院的别名。④净土：佛所居住的地方。相对于"净土"而言，众生居住的地方，有烦恼污秽，故称为秽土、秽国。⑤谄曲：谄媚，曲意奉承、讨好他人。⑥法相：一切诸法的相状。⑦舍利弗：佛陀十大弟子之一，被誉为佛弟子中"智慧第一"。⑧宴坐：坐禅或静坐的意思。⑨维摩诘：菩萨名，佛陀的在家弟子，中印度毗舍离城的长者。虽在俗尘，然精通大乘佛教教义，其修为高远，虽出家弟子犹有不能及者。

【译文】 惠能大师开示众人说：善知识！我所讲的法门，以定、慧为根本。大家不要迷惑，认为定慧二者是有分别的，其实定和慧是一体的，不是有分别的。禅定是智慧的内在本体，智慧是禅定所外显的功用。禅定与智慧是相即不离的，在智慧显现的同时，禅定存在于智慧之中；在禅定的同时，智慧存在于禅定之中。如果觉悟了这个道理，就是止观并重，定慧双修之学。各位修学佛法之人，不要认为应先修习禅定而后再生发智慧，或先生发智慧而后才能禅定，以为二者是有分别的，这是不正确的。这种观点，如同认为佛法也有禅定和智慧两种相状。嘴上说着善语，心中却没有善念，徒有定慧的虚名，他所修习的不是定慧并重一体之学。如果心存善念，口出善言，心口相应，内外如一，定慧即成一体。想要自心的开悟，就不能执著于先后的名相，如果执著于争执定慧孰先孰后，就与执迷不悟的人没有区别了。不断除对胜负高下的分别之心，就会加重对"我"的执著，就无法超离对"我、人、众生、寿者"四相的执著。

善知识！定慧的关系是什么样的呢？这就好比灯与光。有灯就有光，没有灯即是黑暗，灯是光的本体、根源，光是灯的功用、外显。两者名称虽不同，本性之体却是同一的。定与慧之间的关系也是如此。

大师开示众人说：善知识！一行三昧，就是无论何时何地，无论行住坐卧，都要常行直心。《净名经》说：直心就是道场，直心就是西方极乐世界。不要心中谄媚弯曲，只是口中说行直心；不要口中宣称一行三昧，却不常行直心。要常行直心，对一切事物现象都没有执著分别。没有开悟的人执著于法相，执著于一行三昧，直接就说：只要经常静坐不动，妄念不从心中生起，这就是一行三昧。作这样解释的人，就和草木瓦砾这些无情众生一样，是障碍修道成佛的因缘。

善知识！道必须是通达流动的，为什么却是滞碍的呢？心不执著于法，道便通达。心若执著于法，这叫作作茧自缚。如果说常坐不动就是一行三昧，那么只会像舍利弗当年在树林中静坐一样，受到维摩诘的呵斥。

善知识！有人教授静坐，教你在静坐中观心、观静，身体不动，思虑不起，根据这个来做修行建立功德。不开悟的人不能体会定慧的道理，一再执迷于静坐而成颠倒狂妄，像这样的人很多。这样教导别人去修行，是极大的错误。

师示众云：善知识！本来正教，无有顿渐，人性自有利钝。迷人渐修，悟人顿契，自识本心，自见本性，即无差别。所以立顿渐之假名。

善知识！我此法门，从上以来，先立无念为宗，无相为体，无住为本。无相者，于相而离相；无念者，于念而无念；无住者，人之本性。于世间善恶好丑，乃至冤之与亲，言语触刺欺争之时，并将为空，不思酬害①，念念之中，不思前境。若前念今念后念，念念相续不断，名为系缚②。于诸法上，念念不住，即无缚也。此是以无住为本。

善知识！外离一切相，名为无相。能离于相，即法体清净。此是以无相为体。

善知识！于诸境上，心不染，曰无念。于自念上，常离诸境，不于境上生心；若只百物不思，念尽除却，一念绝即死，别处受生，是为大错，学道者思之！若不识法意，自错犹可，更误他人；自迷不见，又谤佛经。所以立无念为宗。

善知识！云何立无念为宗？只缘口说见性迷人，于境上有念，念上便起邪见。一切尘劳妄想，从此而生。自性本无一法可得，若有所得，妄说祸福，即是尘劳邪见。故此法门立无念为宗。善知识！无者，无何事？念者，念何物？无者，无二相，无诸尘劳之心。念者，念真如本性，真如即是念之体，念即是真如之用。真如自性起念，非眼耳鼻舌能念。真如有性，所以起念。真如若无，眼耳色声当时即坏。

善知识！真如自性起念，六根虽有见闻觉知，不染万境，而真性常自在。故经云：能善分别诸法相，于第一义③而不动。

【注释】　①酬害：报复的意思。酬是报答，害是伤害。②系缚：束缚之意。指众生之身心为烦恼、妄想或外界事物所束缚而失去自由，长时间流转于生死苦海之中，不能得解脱到涅槃彼岸。③第一义：至高无上的真理，圆满究竟之理。

【译文】　惠能大师说：善知识！佛陀真正的教法，没有顿渐之分，只是人性有聪明和愚钝罢了。愚钝的人渐次修行，聪明的人顿时契悟，识见自我本心本已具足清净自性，明心见性，就没有顿悟渐悟的差别了。所以顿悟、渐悟只是权且安立的假名而已。

善知识！我所宣讲的法门，从达摩祖师以来，首先确立以无念为宗旨，以无相为本体，以无住为根本。所谓无相，基于一切相状而超离一切相状；所谓无念，生起心念而不执著于心念；所谓无住，是人的本性。对于世间一切善恶美丑，甚至冤家好友，在言语上的冒犯、欺谎、争夺等等，全都视为空幻，不去寻思报复，念念之中，不寻思拘泥于以前的事。如果过去、现在、将来的心念，念念相续而不间断，这叫作作茧自缚。相反，对于一切法相，虽起念头，却又不停止于这个念头，念念之间毫不执著，这样就没有系缚，这就是以无住为本。

善知识！超离一切外在形相，叫作无相。能超离于形相，就是自性法体清净。这就是以无相为本体。

善知识！心不被外境所污染，叫作无念。在自我心念上，总能超离一切外境，对外境不生执著之心；假如只是什么都不思虑，清除一切心念，认为一念断绝就是死，以为可以到别的地方重生，这是极大的错误，修习佛道的人应该仔细辨别！如果不能识见佛法真正的大义，自己错误迷妄也就罢了，偏偏还要再去劝导指引他人；自己执迷不悟不能识见清净自性，却又毁谤佛经。因此要立无念为宗旨。

善知识！为什么说要立无念为宗旨呢？只因为口头上声称识见清净自性的执迷之人，对外境生执著之心，从而生起邪见。一切尘世妄想，就从这里而生。识见清净自性本来并无实体存在的一"法"可得，如果有所得，声称是祸福果报，那就是世俗邪见。所以这个法门要立无念为宗旨。善知识！无是什么无？念又是什么念？无，就是无差别对立的二分之相，无执迷尘世之心。念，就是念真如佛性。真如就是念的内在本体，念就是真如的外在效用。真如由清净自性中升起心念，并非是眼睛、耳朵、鼻子、舌头等感觉器官能起心念。真如有圆满具足的清净自性，所以能够随缘任运，生起心念。如果真如没有清净自性，那么眼睛、耳朵等六种感觉器官的功用就会立刻毁灭破坏。

善知识！真如清净自性能生起心念，六种感觉器官虽然能看见、听到、觉察、了解，但不被外在一切事物现象所染污，真如清净自性就永远自在。因此，佛经上说：能够正确地看待各种事物和现象的差别，觉悟到诸法性空的佛法真谛，也就是得到了般若智慧而不会动摇后退。

坐禅品第五

师示众云：此门坐禅①，元②不著心，亦不著净，亦不是不动。若言著心，心元是妄，知心如幻，故无所著也。若言著净，人性本净；由妄念故，盖覆真如，但无妄想，性自清净。起心著净，却生净妄，妄无处所，著者是妄。净无形相，却立净相，言是工夫，作此见者，障自本性，却被净缚③。

善知识！若修不动者，但见一切人时，不见人之是非善恶过患，即是自性不动④。

善知识！迷人身虽不动，开口便说他人是非长短好恶，与道违背。若著心著净，即障道也。

师示众云：善知识！何名坐禅？此法门中，无障无碍，外于一切善恶境界，心念不起，名为坐；内见自性不动，名为禅。善知识！何名禅定？外离相⑤为禅，内不乱为定。外若著相，内心即乱。外若离相，心即不乱。本性自净自定，只为见境思境即乱。若见诸境心不乱者，是真定也。

善知识！外离相即禅，内不乱即定。外禅内定，是为禅定。菩萨戒经云：我本元自性清净。善知识！于念念中，自见本性清净，自修，自行，自成佛道。

【注释】　①坐禅：结跏趺坐，不起思虑分别，系心于某一对象，称为坐禅。②元：通"原"。③净缚：指被所要观想的"净相"所束缚。④自性不动：清净的自性常恒不变。⑤外离相：指自心对外境不起执著分别。

【译文】　惠能大师开示众人说：我这个法门中所讲的坐禅，原本是不执著于心，也不是执著于一味观想净相，更不是枯坐不动。如果说执著于心念，心念原本也是虚妄。知道心念是虚妄，所以也就没有什么可执著了。如果说执著于追求清净自在，那么人的自性原本就是清净自在的；只不过由于起了虚妄心念，掩盖遮蔽了清净自性，一旦没有了虚妄邪见，清净自性就自然显现。如果生起追求清净的执着心，就会产生对清净本身的执著妄念。对清净本身的执着妄念本来是无有所处之所的，执著的"对象"本就是对清净本身的执着妄念。"清净"本是没有形相的，却给"清净"安立一个形相，硬把执著于相说成是修行的功夫，持这样见解的人，遮蔽了自我的本性，反而执著于"清净"，被"清净"束缚了。

善知识！那些修持"不动"行的人，假如看到任何人的时候，都对他的是非善恶能视而不见，不起分别执著之心，这就是自我本性寂然不动。

国学经典丛书

善知识！执迷的人身体虽然身体纹丝不动，但一开口就是议论别人的是非长短和好坏，这与成佛之道是相违背的。这与执著于心念、清净一样，也是阻碍成佛之道的。

惠能大师对众人说：善知识！什么叫坐禅？我这个法门中，没有执著分别所以没有障碍，通达自在，对于一切外在的善恶境界，不起心动念，这叫作坐；能识见内在自我本性寂然不动，这叫作禅。善知识！什么叫禅定？超离外在境相就是禅，内心不散乱叫作定。如果执著于外面的境相，内心必定散乱。如果能超离一切外在境相，内心就不会散乱。自性本身是清净无为、常恒不变的，只是由于被外境所染而产生了执著分别。如果对一切外境都不起执著分别，内心不散乱，这就是真正的定。

善知识！超离外在境相就是禅，内心不散乱就是定。外禅内定就是禅定。《菩萨戒经》说：自我本性原本清净。善知识！要在念念相续的过程中识见清净自性，自我修持奉行，自然能成就佛道。

忏悔品第六

时，大师见广韶①洎四方士庶，骈集②山中听法，于是升座告众曰：来，诸善知识！此事③须从自性中起。于一切时，念念自净其心，自修自行，见自己法身，见自心佛，自度自戒，始得不假到此。既从远来，一会于此，皆共有缘。今可各各胡跪④，先为传自性五分法身香⑤，次授无相忏悔⑥。

众胡跪。师曰：一戒香，即自心中，无非、无恶、无嫉妒、无贪嗔、无劫害，名戒香。二定香，即睹诸善恶境相，自心不乱，名定香。三慧香，自心无碍，常以智慧观照自性，不造诸恶。虽修众善，心不执著，敬上念下，矜恤孤贫，名慧香。四解脱香，即自心无所攀缘⑦，不思善，不思恶，自在无碍，名解脱香。五解脱知见香，自心既无所攀缘善恶，不可沉空守寂，即须广学多闻，识自本心，达诸佛理，和光接物，无我无人，直至菩提，真性不易，名解脱知见香。

善知识！此香各自内熏⑧，莫向外觅。

【注释】 ①广韶：广州和韶州。②骈集：汇聚、聚集。③此事：这里指明心见性的顿悟解脱。④胡跪：胡人的跪拜礼仪。古时印度、西域地方总称为胡。⑤五分法身香：分别为戒香、定香、慧香、解脱香、解脱知见香。⑥无相忏悔：忏悔，追悔过去之罪，佛教的一种专以脱罪祈福为目的宗教仪式。但是，禅宗不注重忏悔的形式和仪式，强调识见个人的清净自性，所以称之为无相忏悔。⑦攀缘：心随外境而转的意思，指心执著于某一对象的作用。⑧内熏：与"外熏"相对。众生心中，皆有本觉之真如，此本觉之真如熏习无明，使妄心厌恶生死的痛苦，而祈求涅槃之快乐，称之为内熏。至于佛菩萨的一切教法，以及行者自身的修行，都叫作外熏。

【译文】 那时，惠能大师看到来自广州和韶州及四面八方的士庶百姓都云集在曹溪山，想要听闻佛法，于是便登讲坛说法。他对众人说：来，各位善知识！成佛这样的大事必须从自我本性上着手。在任何时候，念念都能清净自我本心，自我修持，自我持行，能识见自我的法身，识见自己本心所具足的佛性，自我救度，自我持戒，这样才不枉来到曹溪山。既然大家远道而来，在这里聚会，都是有缘。现在每个人都双膝或右膝着地跪下，我先给你们传授"自性五分法身香"，再传授"无相忏悔"。

大家都双膝或右膝着地跪下。惠能大师说：第一是戒香，就是使心中没有是非，没有善恶，没有嫉妒心，没有贪欲嗔怒，没有掠夺毒害，这叫作戒香。第二是定香，即使看到一切善恶的外境形相，也会使内心不散乱，这叫作定香。第三是慧香，使内心通达没有障碍，时常用智慧观照自我清净本性，不造作一切恶业。虽然修行一切善业，自心却不生执著，敬重长辈，体恤晚辈，怜悯抚恤孤苦贫困，这叫作慧香。第四是解脱香，使自我本心没有对外物产生攀缘之心，不思量善，不思量恶，自在解脱，无所挂碍，这叫作解脱香。第五是解脱知见香，使自心既不对善恶产生攀缘之心，也不陷入虚空，固守枯寂；而是广泛学习，多多听取教诲，识见清净自性，通达一切佛法真谛，待人接物和光同尘，没有人我之执，直接达到最圆满最高的觉悟，真如本性没有改变，这叫作解脱知见香。

善知识！这五分法身香，大家各自在内心点燃熏习成佛，千万不要向外寻求解脱之道。

今与汝等授无相忏悔，灭三世①罪，令得三业②清净。

善知识！各随我语，一时道：弟子等，从前念、今念及后念，念念不被愚迷染。从前所有恶业、愚迷等罪，悉皆忏悔，愿一时销灭，永不复起。

弟子等，从前念、今念及后念，念念不被骄诳染。从前所有恶业、骄诳等罪，悉皆忏悔，愿一时销灭，永不复起。

弟子等，从前念、今念及后念，念念不被嫉妒染，从前所有恶业、嫉妒等罪，悉皆忏悔，愿一时销灭，永不复起。善知识！已上是为无相忏悔。

云何名忏？云何名悔？忏者，忏其前愆。从前所有恶业，愚迷骄诳嫉妒等罪，悉皆尽忏，永不复起，是名为忏。悔者，悔其后过。从今以后，所有恶业，愚迷骄诳嫉妒等罪，今已觉悟，悉皆永断，更不复作，是名为悔，故称忏悔。凡夫愚迷，只知忏其前愆，不知悔其后过。以不悔故，前愆不灭，后过又生；前愆既不灭，后过复又生，何名忏悔？

善知识！既忏悔已，与善知识发四弘誓愿③，各须用心正听：自心众生无边誓愿度，自心烦恼无边誓愿断，自性法门无尽誓愿学，自性无上佛道誓愿成。

善知识！大家岂不道众生无边誓愿度，怎么道④，且不是惠能度。

国学经典丛书

124

善知识！心中众生，所谓邪迷心、诳妄心、不善心、嫉妒心、恶毒心，如是等心，尽是众生，各须自性自度，是名真度。

何名自性自度？即自心中邪见烦恼愚痴众生，将正见⑤度。既有正见，使般若智打破愚痴迷妄众生，各各自度。邪来正度，迷来悟度，愚来智度，恶来善度。如是度者，名为真度！

【注释】　①三世：过去世、现在世与未来世的总称。世，迁流之义。②三业：身业、口业、意业。身业，身之所作，如杀生；口业，口之所语，如妄语；意业，意之所思，如贪、嗔、痴等。③四弘誓愿：一切菩萨初发心时，必发此四种广大之愿。有关四弘誓愿的内容与解释，各经所举颇有出入。一般采用《六祖坛经》之说，即：一、众生无边誓愿度，谓菩萨誓愿救度一切众生；二、烦恼无尽誓愿断，谓菩萨誓愿断除一切烦恼；三、法门无量誓愿学，谓菩萨誓愿学知一切佛法；四、佛道无上誓愿成，谓菩萨誓愿证得最高菩提。此四弘誓愿可配于苦、集、灭、道四谛，前一誓愿为利他，后三誓愿为自利。④怎么道：这样说。⑤正见：远离邪见，而采取符合佛法的见解。系八正道之一，十善之一，与"邪见"相对。

【译文】　现在我给你们传授无相忏悔，以除灭过去、现在、未来三世的罪业，使大家获得身业、口业、意业三业的清净。

善知识！大家都跟随我念诵：弟子们以前、现在、将来的每一个念头，都不被愚迷所污染，以前所有造作的恶业、愚昧、迷惑等等罪过，全部都忏悔，希望立即消除断灭，永远不再重新生起。

弟子们，以前、现在、将来的每一个念头，都不被狂妄骄横所污染，以前所造作的恶业、狂妄骄横等等罪过，全部都忏悔，希望立刻消除断灭，永远不再重新生起。

弟子们，以前、现在、将来的每一个念头，都不被嫉妒污染。以前所造作恶业、嫉妒等等罪过，全部都忏悔，希望立刻消除断灭，永远不再重新生起。善知识！以上就是无相忏悔。

什么叫作忏？什么叫作悔？所谓忏，就是坦白承认自己以前所造下的罪业。以前所有的恶业，包括愚昧迷惑、狂妄骄横、嫉妒等等罪过，全部都坦白承认，永远都不再重犯，这叫作忏。所谓悔，是指反思追悔。从今以后，所有恶业、愚昧迷惑、狂妄骄横、嫉妒等等罪过，心已觉知开悟，这些罪过全部都将永远断绝，更不会再次造作，这就叫作悔，所以称为忏悔。

一般人执迷不悟，只知道坦白承认他以前所造罪业，而不知道反思追悔以断除他今后可能会造的罪业。由于不懂得悔改的缘故，前面的罪业还未灭尽，后面的罪过又新生起；前面的罪业既然不能灭尽，后面的罪过已然重又生起，这叫什么忏悔呢？

善知识！既然忏悔已经传授完毕，现在再和你们发四弘誓愿，大家各自需要正心诚意，用心听取：自心众生无边誓愿度，自心烦恼无边誓愿断，自性法门无尽誓愿学，自性无上佛道誓愿成。

善知识！大家不是都说"众生无边誓愿度"吗？这样来说的话，并不是我惠能来度化各位。

善知识！心中的众生，就是我们所说的邪迷之心、诳妄之心、不善之心、嫉妒之心、恶毒之心等等，像这样的心，都是众生，大家必须各自依清净自性自我度脱，这就叫真正的度脱。

什么叫自性自度？就是依清净自性度化心中的邪迷妄见、烦恼愚痴等众生。以正见度脱邪见生起，以智慧度脱愚迷障碍，以善良心念度脱邪恶心念。这样的度，叫作真正的度脱。

又烦恼无边誓愿断。将自性般若智除却虚妄思想心是也。又法门无尽誓愿学，须自见性，常行正法，是名真学。又无上佛道誓愿成，既常能下心，行于真正，离迷离觉，常生般若，除真除妄，即见佛性；即言下佛道成。常念修行是愿力①法。

善知识！今发四弘愿了，更与善知识授无相三皈依戒②。善知识！皈依觉，两足尊③；皈依正，离欲尊；皈依净，众中尊！从今日去，称觉为师，更不皈依邪魔外道，以自性三宝常自证明。劝善知识，皈依自性三宝。佛者，觉也；法者，正也；僧者，净也。自心皈依觉，邪迷不生，少欲知足，能离财色，名两足尊。自心皈依正，念念无邪见，以无邪见故，即无人我贡高④，贪爱执著，名离欲尊。自心皈依净，一切尘劳爱欲境界，自性皆不染著，名众中尊。

若修此行，是自皈依。凡夫不会，从日至夜，受三归戒；若言皈依佛，佛在何处？若不见佛，凭何所归？言却成妄。

善知识！各自观察，莫错用心，经文分明言自皈依佛，不言皈依他佛。自佛不归，无所依处。

今既自悟，各须皈依自心三宝⑤。内调心性，外敬他人，是自皈依也。

善知识！既皈依自三宝竟，各各志心。吾与说一体三身自性佛⑥，令汝等见三身，了然自悟自性。总随我道：于自色身，皈依清净法身佛；于自色身，皈依圆满报身佛；于自色身，皈依千百亿化身佛。

善知识！色身是舍宅，不可言归。向者三身佛，在自性中，世人总有。为自心迷，不见内性，外觅三身如来，不见自身中有三身佛。汝等听说，令汝等于自身中，见自性有三身佛。此三身佛，从自性生，不从外得。

【注释】　①愿力：誓愿之力。②无相三皈依戒：三皈依，指皈依佛、皈依法、皈依僧，并祈请得到救度得解脱。无相三皈依，指不皈依和信奉外在的崇拜对象，皈依的对象是自心佛性。③两足尊：佛的尊号。有两层含义，一是指天、人之中，所有两足生类中之最尊贵者。二是以两足比喻戒定慧等功德，佛即具足此两足而游行法界，无所障碍。这里指的是后一个含义。④贡高：傲慢自大，自认为高人一等。⑤三宝：佛教徒所尊敬供养之佛宝、法宝、僧宝三宝。一切之佛，即佛宝；佛所说之法，即法宝；奉行佛所说之法的人，即僧宝。⑥一体三身自性佛：惠能认为，佛在心中，所以清净自性具足了法身、报身、化身三身佛。三身，一般指法身、报身、化身。三身是佛所独有。

【译文】　另外，烦恼无边誓愿断，就是运用自性般若智慧除去虚妄执著之心。法门无尽誓愿学，必须自我识见本性，常行正法，这是真正的佛法修学。无上佛道誓愿成，虽成佛道，但不执著于佛果，对人不骄慢。不执著于迷、觉，消除对真、妄的区别，念念相续不断生起般若智慧，识见真如佛性，当下成就佛道。要念念相续不断地修行这个四大弘愿法。

善知识！现在我们发过四大弘愿了，再给大家讲授无相三皈依戒。

善知识！皈依真正的觉悟者，则福慧双修，故称为"两足尊"。皈依正法，则得远离一切贪爱执著，故称为"离欲尊"。皈依清净自性，则清净自性自然显现，此清净自性最高无上，故称为"众中尊"。从今日起，以真正的觉悟者为师，而不要归附邪魔外道。以自性中本已具足的觉、正、净来引导、印证自我的本心。

我劝诸位善知识，皈依自性中的三宝。佛，就是觉；法，就是正；僧，就是净。自我本心皈依真正的觉悟者，邪见迷障不再生起，少欲知足，能不执著于财富和美色，这叫作两足尊。自我本心皈依正法，念念相续不间断地没有邪见，由于没有邪见的原故，就没有人我二执，妄自尊大和贪爱执著，这叫作离欲尊。自我本心皈依清净自性，一切尘世烦恼，爱憎贪欲，清净自性皆不被其染污，这叫作众中尊。

如果以此修行，就是皈依自己本心圆满具足的真如佛性。凡夫不懂这个道理，从白天到黑夜，受所谓的三归戒；如果说皈依佛，那么佛在哪里？如果说见不到佛，那又依据什么皈依？这样说法就成了虚妄之语。

善知识！各自观照体察，不要用错了心思，佛经上明明白白地讲到"自皈依佛"，没有讲到"皈依他佛"。自我本心本已具足的真如佛性不去皈依，就没有可以皈依的地方了。

今天既然都明白了自我开悟的教法，各自就要皈依自我本心中的三宝。对内调适心性，对外尊重他人，这就是自我皈依了。

善知识！既然已经皈依自我三宝，各自要好好记在心里，我给你们说"一体三身自性佛"，让你们能识见自性本已具足的法身、报身、化身，明了开悟自我本性。请全体随我念诵：于自色身皈依清净法身佛；于自色身皈依圆满报身佛；于自色身皈依千百亿化身佛。

善知识！肉身只是临时住宅，不能说是最终皈依之处。法身、报身、化身向来都在自我本性中，世上的人本都已圆满具足。只是因为自我本心受到迷惑，不能见识内在的清净本性，却向外寻求三身佛，而不能识见自我清净本性已具足的三身佛。你们听我宣说此法，会让你们在自身之中，识见自性中已具足的三身佛。这个三身佛从清净自性中显生，而不是从外面寻求而得的。

何名清净法身佛？世人性本清净，万法从自性生。思量一切恶事，即生恶行；思量一切善事，即生善行。如是诸法在自性中，如天常清，日月常明，为浮云盖覆，上明下暗。忽遇风吹云散，上下俱明，万象皆现。世人性常浮游，如彼天云。

善知识！智如日，慧如月，智慧常明。于外著境，被妄念浮云盖覆自性，不得明朗。若遇善知识，闻真正法，自除迷妄，内外明彻，于自性中万法皆现。见性之人，亦复如是；此名清净法身佛。

善知识！自心皈依自性，是皈依真佛。自皈依者，除却自性中不善心、嫉妒心、谄曲心、吾我心、诳妄心、轻人心、慢他心、邪见心、贡高心，及一切时中不善之行；常自见己过，不说他人好恶，是自皈依。常须下心，普行恭敬，即是见性通达，更无滞碍，是自皈依。

何名圆满报身？譬如一灯能除千年暗，一智能灭万年愚。莫思向前，己过不可得，常思于后，念念圆明，自见本性，善恶虽殊，本性无二。无二之性，名为实性，于实性中，不染善恶，此名圆满报身佛。

自性起一念恶，灭万劫善因[①]。自性起一念善，得恒沙[②]恶尽。直至无上菩提，念念自见，不失本念，名为报身。

何名千百亿化身？若不思万法，性本如空。一念思量，名为变化。思量恶事，化为地狱，思量善事，化为天堂；毒害化为龙蛇，慈悲化为菩萨；智慧化为上界③，愚痴化为下方④。自性变化甚多，迷人不能省觉。念念起恶，常行恶道；回一念善，智慧即生。此名自性化身佛。

善知识！法身本具，念念自性自见，即是报身佛；从报身思量，即是化身佛；自悟自修自性功德，是真皈依。皮肉是色身，色身是舍宅，不言皈依也。但悟自性三身，即识自性佛。

吾有一无相颂，若能诵持，言下令汝积劫迷罪，一时销灭。颂曰：

迷人修福不修道，只言修福便是道。

布施供养福无边，心中三恶⑤元来造。

拟将修福欲灭罪，后世得福罪还在。

但向心中除罪缘，名自性中真忏悔。

忽悟大乘真忏悔，除邪行正即无罪。

学道常于自性观，即与诸佛同一类。

吾祖惟传此顿法，普愿见性同一体。

若欲当来觅法身，离诸法相心中洗。

努力自见莫悠悠，后念忽绝一世休。

若悟大乘得见性，虔恭合掌至心求。

师言：善知识！总须诵取，依此修行，言下见性。虽去吾千里，如常在吾边。于此言下不悟，即对面千里，何勤远来？珍重好去！一众闻法，靡不开悟，欢喜奉行。

【注释】　①善因：招感善果的业因。②恒沙：恒河沙的简称，即恒河之沙。形容无法计算之数。③上界：又称天上界，六道之一，与

"下界"对称。包括无色界、色界、欲界等诸天。位于诸天中，上方之位者称上界。如色界天为欲界天的上界。④下方：指三涂，即地狱、饿鬼、畜生之三恶道。⑤三恶：指人之贪、嗔、痴三种恶，人有此三恶，难以教化。

【译文】 什么是清净法身佛呢？世上的人们自性本来清净，一切万法都从自性中显生。思虑一切邪恶之事，就生出邪恶行为；思虑一切美善之事，就会生起美善的行为。像这样的一切法都含藏于自性中，如同天空永远清澈，日月永远光明，而被浮云遮蔽后，云上虽明亮，云下世间却一片黑暗。忽然遇到风把浮云吹散，则上下全部通明透彻，一切景象全部显现。世上人们的自性常呈飘浮不定的状态，就好像时常被浮云所遮蔽而忽隐忽现的天空。

善知识！智就像太阳，慧就像月亮，智慧就像日月永放光明。执著于外境，就被妄念一般的浮云遮蔽了自我清净本性，使之不能通达明朗。如果遇到善知识，听闻了真正的佛法，自我除却愚迷痴妄，内外通达透彻，在自我清净本性中世间万法全部显现。像他这种能识见清净自性的境界，就叫作清净法身佛。

善知识！自我本心归于清净自性，就是皈依了真正的佛。皈依清净自性的人，除去自己人性中的不善之心，嫉妒之心，谄曲之心，吾我心，诳妄心，轻人心，慢他心，邪见心，贡高心，以及任何时候不善的行为；常常能识见自己的罪过，却不议论他人的好坏善恶，这就是皈依清净自性。应该常常不生骄慢之心，一切都恭敬奉行，识见清净自性，通达无碍，更无阻碍，这就是皈依自性清净。

什么叫作圆满报身？比如一盏灯能除却千年的黑暗，一个智慧能灭尽万年的愚迷。不要总是思虑以前，过往的过错已不能得以重新更正，应该时常思虑今后，时时刻刻保持圆融明彻，自我识见清净本性，善与恶虽然不同，但它们本性没有差别。没有差别的本性，叫作实性。在实性中自然显现，不沾染执著分别善恶，这叫作圆满报身佛。自己人性中的一个恶念产生，就能断灭万劫所修善因。自己人性中的一个善念生起，就能使得恒河沙一样多的恶业消失灭尽。直接成就最高最圆满的觉悟，念念相续不断识见清净自性，使得本念不失，叫作报身。

什么叫作千百亿化身？如果不去思虑一切事物现象，本性原来就如同虚空。一个思虑念头生起，这就是变化。思虑恶的事，自性就变成地狱，思虑善的事，自性就变为天堂；起毒害心时变成龙蛇，生慈悲心时变成菩萨；生智慧时达到上界诸天的境界，犯痴愚时沦为下方恶道的境地。自性变化是非常多的，愚迷之人不能够内省觉悟。时时生起恶念，常常践行恶道；当一个善念回转，智慧则又立刻生起。这叫作自性化身佛。

善知识！法身佛本来具足在自我本性中，念念相续不断识见自我本性，就是报身佛。从报身佛去思量变化，就是化身佛。通过自我觉悟、修行识见自我清净真如本性，这是真正的皈依。人的皮肉是色身，色身如同临时住宅，不能说是真正的皈依之处。只要能悟到自我本性本已圆满具足三身佛，就是识见了自性佛。

我有一个《无相颂》，如果能念诵奉持，立刻能让你万劫之世所积累的迷妄罪业，一刹那之间消失灭尽。颂是：

迷人修福不修道，只言修福便是道。

布施供养福无边，心中三恶元来造。

拟将修福欲灭罪，后世得福罪还在。

但向心中除罪缘，名自性中真忏悔。

忽悟大乘真忏悔，除邪行正即无罪。

学道常于自性观，即与诸佛同一类。

吾祖惟传此顿法，普愿见性同一体。

若欲当来觅法身，离诸法相心中洗。

努力自见莫悠悠，后念忽绝一世休。

若悟大乘得见性，虔恭合掌至心求。

惠能大师说：善知识！你们全部都要念诵领会，依照这个偈颂去修行，就能当下识见清净自性。就算你们离我有千里之遥，也好像在我身边一样。如果当下不能开悟，即使我们面对面，也好似远隔千里，更何苦辛苦远道而来呢？大家好好珍重，都回去吧。大家听闻了惠能宣讲的佛法，没有不开悟

国学经典丛书

的，全都内心充满欢喜地信奉修持。

机缘品第七

师自黄梅得法，回至韶州曹侯村，人无知者。有儒士刘志略，礼遇甚厚。志略有姑为尼，名无尽藏，常诵大涅槃经。师暂听，即知妙义，遂为解说。尼乃执卷问字。

师曰：字即不识，义即请问。

尼曰：字尚不识，焉能会义？

师曰：诸佛妙理，非关文字。

尼惊异之。遍告里中耆德①云：此是有道之士，宜请供养。

有魏武侯玄孙曹叔良及居民，竞来瞻礼。时，宝林古寺自隋末兵火，已废。遂于故基重建梵宇②，延师居之，俄成宝坊③。

师住九月余日，又为恶党寻逐，师乃遁于前山，被其纵火焚草木，师隐身挨入石中得免。石今有师跌坐④膝痕，及衣布之纹，因名避难石。师忆五祖怀会止藏⑤之嘱，遂行隐于二邑焉。

【注释】 ①耆德：年高德重者。②梵宇：佛寺。③宝坊：寺院的美称。 ④跌坐：跌指足背也。置足背于大腿上，谓之跌坐。有全跏跌坐、半跏跌坐之别。⑤怀会止藏：见"行由品第一"。

【译文】 惠能大师从黄梅五祖弘忍大师那里得授衣法之后，来到韶州曹侯村，没有人知道他的事，当时有个儒士叫刘志略，礼敬待遇惠能大师非常殷勤。刘志略有个姑姑出家做比丘尼，法名无尽藏，经常念诵《大涅槃经》。惠能大师稍微一听就知道经中所说的玄妙义理，就给无尽藏解说经义。无尽藏于是手拿经卷请教惠能经中的文字。

惠能说：说到字我是不认识的，如果有义理方面的疑问尽可以问。

尼姑无尽藏说：字尚且不认识，怎么能体会经文要义呢？

惠能大师说：一切佛法的微言大义，都是与文字无关的。

尼姑无尽藏听后十分惊讶。告诉了乡里全部的年高德重的长者，说：这是个有道行的人，应该请来好好供养。

有魏武侯的玄孙曹叔良和附近的居民，争相来瞻仰礼敬惠能大师。当时的宝林寺，自从隋朝末年遭遇兵火战乱，已经荒废很久了，于是便在旧址上重建寺庙，请惠能大师居寺住持，很快那里便成了佛法圣地。

惠能大师住了九个多月，又被恶党们寻找追踪，惠能大师于是就隐藏在前山，又遭遇恶党们放火烧山加害，大师将身体隐藏在石头中间才幸免于难。今天石头上还有惠能大师结跏趺坐时膝盖的印痕和衣服上的布纹，因此这块石头被命名为"避难石"。大师想起五祖"逢怀则止，遇会则藏"的叮嘱，便到怀集、四会境内隐藏了起来。

僧法海，韶州曲江人也。初参祖师。

问曰：即心即佛，愿垂指谕。

师曰：前念不生①即心，后念不灭②即佛；成一切相即心③，离一切相即佛④。吾若具说，穷劫不尽。听吾偈曰：

即心名慧，即佛乃定；

定慧等持，意中清净。

悟此法门，由汝习性⑤；

用本无生，双修是正。

法海言下大悟，以偈赞曰：

即心元是佛，不悟而自屈；

我知定慧因，双修离诸物。

僧法达，洪州人，七岁出家，常诵法华经。来礼祖师，头不至地。

师诃曰：礼不投地，何如不礼？汝心中必有一物，蕴习何事耶？

曰：念法华经⑥已及三千部。

师曰：汝若念至万部，得其经意，不以为胜，则与吾偕行。汝今负此事业，都不知过。听吾偈曰：

礼本折慢幢⑦，头奚不至地；

有我罪即生，亡功福无比。

师又曰：汝名什么？

曰：法达。

师曰：汝名法达，何曾达法？复说偈曰：

汝今名法达，勤诵未休歇；

空诵但循声，明心号菩萨。

汝今有缘故，吾今为汝说；

但信佛无言，莲华从口发。

达闻偈，悔谢曰：而今而后，当谦恭一切。弟子诵《法华经》，未解经义，心常有疑。和尚智慧广大，愿略说经中义理。

师曰：法达！法即甚达，汝心不达。经本无疑，汝心自疑。汝念此经，以何为宗？

达曰：学人根性暗钝，从来但依文诵念，岂知宗趣⑧！

【注释】　①前念不生：念，指意念，又指刹那的时间。过去者称前念，相续者称后念。前念、后念指心在瞬间的变化。前念不生即指前一个念头已经过去，无须执著。②后念不灭：将要出现的念头任其出现，不必故意限制压抑自己的思维活动。③成一切相即心：相即形相或状态的意思；相对于性质、本体而言，即指诸法之形象状态。成一切相即心就是说外在一切事物和现象都是心的派生物。④离一切相即佛：自心不为外在的一切事物和现象所干扰就达到了觉悟。⑤习性：又名习种性，即以前研习所修成的性。⑥法华经：《妙法莲华经》的略称。经中法师品曰："是法华经藏，深固幽远，无人能到。"同安乐行品曰："此法华经，诸佛如来秘密之藏，于诸经中最在其上。"⑦礼本折慢幢：幢又作宝幢、天幢、法幢。为旗之一种，用以庄严佛菩萨及道场。谓圆桶状者为幢，长片状者为幡。慢幢比喻骄傲高慢之心。礼本折慢幢指礼本来就是消除傲慢心理的。⑧宗趣：宗旨和趣向。

【译文】 僧人法海，是韶州曲江人氏。一开始他参礼六祖惠能大师。

问：即心即佛是什么意思，希望您能给予指示教谕。

惠能大师说：对已生之念不生留恋心即是心，对将生之念任其显现就是佛；能成万法一切相的是心，能离万法一切相的是佛。我若是给你具体详细地说，可能穷尽无数劫的时间也说不完，你听我的偈吧：

即心名慧，即佛乃定；

定慧等持，意中清净。

悟此法门，由汝习性；

用本无生，双修是正。

法海立刻全部开悟，用一首偈来感慨赞叹：

即心元是佛，不悟而自屈；

我知定慧因，双修离诸物。

僧人法达，洪州人。七岁时出家为僧，常常念诵《法华经》。他来礼拜六祖惠能大师，行礼时头却不触到地面。

惠能大师斥责地说：行礼头不触地，还不如不行礼。你心中肯定执著着一个事物，平时都修行什么？

法达说：我念诵《法华经》已经达到三千部了！

六祖惠能大师说：你如果念到上万部，得悟经文的大义，却仍然不自以为是的话，那么你可以和我一起修行。你现在以此自负自傲，都还不知道自己的罪过。听我的偈吧：

礼本折慢幢，头奚不至地；

有我罪即生，亡功福无比。

惠能大师又说：你叫什么名字？

法达回答说：我叫法达。

惠能大师说：你名字叫法达，你哪里通达佛法了？又说一个偈道：

汝今名法达，勤诵未休歇；

空诵但循声，明心号菩萨。

汝今有缘故，吾今为汝说；

但信佛无言，莲华从口发。

法达听了偈后，后悔不已，向惠能大师谢罪说：从今以后，我应该对一切保持谦恭的态度。弟子念诵《法华经》，并没有体解佛经大义，心中常常生起疑惑。大师具有无边广大的智慧，希望大致为我讲说经文义理。

惠能大师说：法达！佛法本是十分通达的，你的本心愚迷就不能达到了。佛经原本不存在疑惑，你的自心生起疑惑。你念这个佛经，认为什么是它的宗旨啊？

法达说：初学的人，根器禀性晦暗愚钝，从来只知道依照文字念诵经文，我哪里还知道经文的宗旨和旨趣啊！

师曰：吾不识文字，汝试取经诵一遍，吾当为汝解说。法达即高声念经，至譬喻品[①]。师曰：止！此经元来以因缘出世[②]为宗。纵说多种譬喻，亦无越于此。何者因缘？经云：诸佛世尊，唯以一大事因缘，出现于世。一大事者，佛之知见[③]也。

世人外迷著相，内迷著空。若能于相离相，于空离空，即是内外不迷。若悟此法，一念心开，是为开佛知见。

佛，犹觉也。分为四门：开觉知见，示觉知见，悟觉知见，入觉知见。若闻开示，便能悟入，即觉知见，本来真性而得出现。

汝慎勿错解经意：见他道开示悟入，自是佛之知见，我辈无分。若作此解，乃是谤经毁佛也。彼既是佛，已具知见，何用更开？汝今当信佛知见者，只汝自心，更无别佛。盖为一切众生，自蔽光明，贪爱尘境[④]，外缘内扰，甘受驱驰，便劳他世尊，从三昧起，种种苦口[⑤]，劝令寝息，莫向外求，与佛无二，故云开佛知见。吾亦劝一切人，于自心中，常开佛之知见。世人心邪，愚迷造罪，口善心恶，贪嗔嫉妒，谄佞我慢⑥，侵人害物，自开众生知见⑦。若能正心，常生智慧，观照自心，止恶行善，是自开佛之知见。

汝须念念开佛知见，勿开众生知见，开佛知见，即是出世。开众生知见，即是世间。汝若但劳劳执念，以为功课者，何异牦牛爱尾⑧？

【注释】 ①譬喻品：《法华经》二十八品中之第三品，出于经的第二卷。②出世：指诸佛出现于世间成佛，以教化众生。③佛之知见：知见，指依自己的思虑分别而立的见解，与智慧有别，智慧是般若的无分别智，为离思虑分别之心识。《法华经·方便品》曰："开佛知见。"佛之知见即指佛的智慧。④尘境：指心的对象，为六尘之心所对者，即色、声、香、味、触、法六境。⑤种种苦口：根据不同的情况，利用不同的方法来教化。⑥我慢：视"我"为一己之中心，由此所执之"我"而形成骄慢心。⑦众生知见：知见指依自己之思虑分别而立的见解。众生知见就是指会导致凡夫生起烦恼的见解。⑧牦牛爱尾：人们不舍自己的欲望，正像牦牛爱自己的尾巴一样，出自《法华经·方便品》。

【译文】 惠能大师说：我不认识字，你先把佛经拿来念诵一遍，我会给你讲解的。法达立刻大声念诵经文，念到"譬喻品"的时候，惠能大师说：停，这部经原本是以因缘出现于世间为宗旨的。纵然说了许多种比喻，也不超越这个宗旨。什么是因缘？佛经上说："一切佛菩萨，都是为了一件大事的原因才出现在世间的。"这种大事就是佛的真知正见。

世上的人在外就执著于外境相状，对内又执著于虚妄空寂。如果能在一切相上又超离一切相，在一切空中又超离一切空，那就是对内对外都不执迷。如果悟到这个法门，一个心念，顿然开悟，这就是开悟佛的知见。

佛，就是觉悟。分为四门：开启觉知之见，显示觉知之见，证悟觉知之见，契入觉知之见。如果听到开示，就能契悟证入，这就是觉知见，本来具有的真如佛性因而得以显现。

你千万慎重不要误解了佛经的大义。听他讲开、示、悟、入四门觉知见，认为这本是佛的知见，与我们这样的人没有关系。如果作这样的理解，那就是诽谤经典毁誉佛祖。佛既然已经是佛了，已经具足知觉正见，还用再开悟做什么？你今天应该正信所谓佛知见，只是在你自我本心中，更没有其他的佛。因为一切众生，自我遮蔽智慧光明，贪欲爱憎尘世俗境，外缘浸染，内妄滋扰，因而自甘为此一切尘劳驱策奔驰，更加劳烦我佛世尊，从禅定开始，苦口婆心，劝诫众生使之息心止念，不要向心外求妄，就能和佛没有分别，所以说是开悟佛的知见。我也劝告所有人，在自我本心中，常常开悟佛的知见。世上的人心易生邪念，愚昧执迷，造作业罪。嘴上说善，心中行恶，贪欲、嗔怒、嫉妒、谄媚、虚妄、自我、傲慢、害人害物，这都是自己开悟众生世俗的知见。如果能端正本心，常常生起智慧，观察审照自我本心，止断恶念，奉行善心，就是自己开悟佛的知见了。

你必须心心念念，时时刻刻开悟佛的知见，不要开众生的世俗知见，开悟佛的知见，就是超凡出世。开了众生的知见，就是堕入世间。你如果只是辛辛苦苦地执迷众生知见，却仍然以为是在修道立功德，这与犛牛爱护自己的尾巴，执迷贪恋有什么区别呢？

达曰：若然者，但得解义，不劳诵经耶？

师曰：经有何过，岂障汝念！只为迷悟在人，损益由己。口诵心行，即是转经①；口诵心不行，即是被经转。听吾偈曰：

心迷法华转②，心悟转法华。

诵经久不明，与义作仇家。

无念念即正，有念念成邪。

有无俱不计，长御白牛车③。

达闻偈，不觉悲泣，言下大悟，而告师曰：法达从昔已来，实未曾转法华，乃被法华转。再启曰：经云：诸大声闻乃至菩萨，皆尽思共度量，不能测佛智。今令凡夫但悟自心，便名佛之知见，自非上根，未免疑谤。又经说三车④，羊鹿牛车与白牛之车，如何区别？愿和尚再垂开示。

师曰：经意分明，汝自迷背。诸三乘人⑤，不能测佛智者，患在度量也。饶伊尽思共推，转加悬远。佛本为凡夫说，不为佛说。此理若不肯信者，从他退席。殊不知坐却白牛车，更于门外觅三车。况经文明向汝道：唯一佛乘，无有余乘，若二若三，乃至无数方便，种种因缘、譬喻言词，是法皆为一佛乘故。汝何不省！三车是假，为昔时故；一乘是实，为今时故。只教汝去假归实，归实之后，实亦无名。应知所有珍财，尽属于汝，由汝受用；更不作父想⑥，亦不作子想⑦，亦无用想⑧，是名持法华经。从劫至劫，手不释卷，从昼至夜，无不念时也。

达蒙启发，踊跃欢喜。以偈赞曰：

经诵三千部，曹溪一句亡。

未明出世旨，宁歇累生狂？

羊鹿牛权设，初中后善⑨扬。

谁知火宅⑩内，元是法中王⑪。

师曰：汝今后方可名念经僧也。

达从此领玄旨，亦不辍诵经。

【注释】 ①转经：读诵经典。完整诵读一部经者，称真读。仅读诵其初、中、后之数行，或仅翻页拟作读经状，均称为转经，又称转读。②心迷法华转：心中不明白经义，只是口中念诵《法华经》，这就等于被《法华经》所"转"，没有真正的诵念经文，所以没有"转经"。③长御白牛车：《法华经》以"白牛车"比喻一佛乘。即获得了佛的智慧。《坛经》讲的"白牛车"和"一佛乘"，实为借用这些名称来表达禅宗的教义。④三车：羊车、鹿车、牛车，次第譬喻声闻乘、缘觉乘、大乘者。羊车是形容声闻乘只能自度，不能度他，好像一辆小小的羊车不能载货物；鹿车是形容缘觉乘能自度兼度亲属，好像一辆鹿车能载少许的货物；

牛车是形容菩萨乘不但自度且能普度众生，好像一辆大牛车能运载许多的货物。⑤三乘人：声闻乘、缘觉乘、菩萨乘。声闻乘又名小乘，可证阿罗汉果；缘觉乘又名中乘，可证辟支佛果；菩萨乘又名大乘，可证无上佛果。⑥更不作父想："父"指《法华经》中讲的"大宝长者"，他曾把财物分给儿子们。这里的意思是所有的财宝（佛性）都是自己本有的，不要认为是大富长者（即代表佛）的。⑦亦不作子想："子"指大富长者的儿子，这里指众生。这句话的大意是不要认为财富（佛性）是他人的。⑧亦无用想：所要表达的是父想、子想、用想都不应作意，即连想也不要想。虽说禅宗的立场是不必到自身之外寻求佛性，但也进一步认为连向自心寻找佛的念头也应破除。因为这样将限制自己的认识活动，也是一种执著。⑨初中后善："初善"指羊车，譬喻声闻乘；"中善"指鹿车，比喻缘觉乘；"后善"即牛车，比喻为大乘者。⑩火宅：比喻迷界众生所居住的三界。语出《法华经·七喻》中的火宅喻。众生生存于三界中，受各种迷惑之苦，然犹不自知其置身苦中，譬如屋宅燃烧，而宅中稚儿仍不知置身火宅，依然嬉乐自得。譬喻三界之生死，譬如火宅也。⑪法中王：指经过长时间修梵行，并证得无上菩提的修行者。

【译文】　法达说：要是这样，只能理解佛法大义，不要念诵佛经了吗？

惠能大师说：佛经有什么过错，难道妨碍你念经了吗？只是由于愚迷和开悟在于你个人，损失和增益全由你自己。口中念诵经文，内心奉行，这样才是运转起用佛经，口中念诵，心中不奉行，这是被佛经所牵引运转。听我的偈：

心迷法华转，心悟转法华。

诵经久不明，与义作仇家。

无念念即正，有念念成邪。

有无俱不计，长御白牛车。

法达听了偈后，不禁悲伤哭泣，立刻大悟，转而告诉惠能大师说：法达从过去以来，实在是从没有转运起用过法华经义，而是被法华经义牵引运转着。又禀告说：佛经中说，一切大声闻乃至菩萨全部思索度量，也不能揣测佛的智慧。现在让凡夫俗子们，只要开悟自我本心，便说是佛的知见，不是上等根器的人，难免会对此说法有疑惑和毁谤。另外佛经上说了三种车乘，羊车、鹿车、牛车，还有一种白牛车，如何区别这些呢？希望大师再给予开示。

惠能大师说：佛经中的意思非常清楚明白，是你自己迷惑，背道而驰。那些三乘人，不能揣测佛的智慧，其错误就在于用思维去揣测度量。任凭他们费尽心思一起推测，反而离佛的智慧越来越远。佛本来是为凡夫俗子们宣讲教法的，不是为佛自己说的。这个道理如果不肯相信的人，任他退场出去，不要听了。竟然不知道自己坐上了白牛车，却还在门外找寻羊车、鹿车和牛车。况且经文明明白白地向你说了，只有唯一的佛乘，没有别的教乘，如果有第二个、第三个，甚至无数个方便法门，各种各样的因缘际会、譬喻比方、言语词句，这些方便法门都是为了说明这一佛乘。你怎么不省悟！所谓羊、鹿、牛车是假设，是为过去愚迷众生作的比喻；大白牛车是真实的，是为了当今人而设的。这只是要教导你去除假相回归真实，回归真实之后，真实本身也没有了，也不应该执著。你应该知道珍宝、财富，都是属于你的，由你享用；不要想这个财产是你父亲的，也不要想这个财产是你儿子的，也不要想这是财富，这样才是叫作奉持《法华经》。这样就如同在前一劫到后一劫的漫长时间里，在任何时间，都手不释卷，从早到晚念诵心行《法华经》。

法达受到启发，高兴得手舞足蹈，用一首偈来赞叹：

经诵三千部，曹溪一句亡。

未明出世旨，宁歇累生狂？

羊鹿牛权设，初中后善扬。

谁知火宅内，元是法中王。

惠能大师说：你从今以后才可以被称为念经僧人。

法达从此领受了《法华经》玄深的教旨，同时也没有停止念诵佛经。

僧智通^①，寿州安丰人，初看楞伽经，约千余遍，而不会三身四智^②。礼师求解其义。

　　师曰：三身者，清净法身，汝之性也；圆满报身，汝之智也；千百亿化身，汝之行也。若离本性，别说三身，即名有身无智^③。若悟三身无有自性^④，即明四智菩提。听吾偈曰：

　　自性具三身，发明成四智。

　　不离见闻缘，超然登佛地。

　　吾今为汝说，谛信永无迷。

　　莫学驰求者，终日说菩提。

　　通再启曰：四智之义，可得闻乎？

　　师曰：既会三身，便明四智，何更问耶？若离三身，别谈四智。此名有智无身，即此有智，还成无智。复说偈曰：

　　大圆镜智性清净，平等性智心无病，

　　妙观察智见非功，成所作智同圆镜。

　　五八六七果因转^⑤，但用名言无实性^⑥，

　　若于转处不留情，繁兴永处那伽定^⑦。

　　通顿悟性智^⑧，遂呈偈曰：

　　三身元我体，四智本心明；

　　身智融无碍，应物任随形。

　　起修皆妄动，守住匪真精；

　　妙旨因师晓，终亡染污名。

　　【注释】　　①智通：唐代禅僧，生卒年不详。据《景德传灯录》卷十载，师参礼归宗智常求法，一夕突大呼："我已大悟也。"次日，智常问之，答："师姑天然是女人作。"智常许之。后居五台山法华寺，自称大禅佛。示寂前举偈云："举手攀南斗，回身倚北辰，出头天外看，谁是我般人？"②四智：指四种智慧。法相宗所立如来之四智。凡夫有八识，

至如来转为四智。一大圆镜智，转第八识者。二平等性智，是转第七识者。三妙观察智，转第六识者。四成所作智，转眼等五识者。③有身无智：禅宗认为离开了人的自我本性，一切都是虚幻不真实的。因为四智不离本性，若离本性而说三身，所谈的就只能是不起智用的空洞名言概念，不是真正的三身。④三身无有自性：三身是从一个自我的本性而生的，并非说三身中各有一个自性。⑤五八六七果因转：五指八识中之前五识，眼、耳、鼻、舌、身对于色、声、香、味、触之五尘，能起五种识。八指第八识，又名阿赖耶识。六则指八识中之第六识，即意识。七是八识中之第七识，即末那识。前五识及第八识，属于果。第六识、第七识，属于因。前五识和第八识必须到成就佛果时才能转为成所作智和大圆镜智，所以叫作"果上转"。第六识和第七识却能在未成就佛果前就能转为妙观察智和平等性智，因而叫作"因中转"。⑥实性：真如的异名。⑦那伽定：意译为"龙"，有"定"的意思。龙定止于深渊曰那伽定。⑧通顿悟性智：即认识、理解了关于从自性上谈三身和四智的理论。

【译文】　僧人智通，寿州安丰人氏，最初看《楞枷经》，大约看了一千多遍，却还不领会三身四智的意思。前来礼敬惠能大师请求开解大义。

惠能大师说：三身，即清净的法身，这是你的本性；圆满的报身，这是你的智慧；千百亿的化身，这是你的行为。如果说脱离了自我本性，另外讲三身，这叫作有身无智。如果悟到了三身却没有自我本性，这叫作四智菩提。听我的偈：

自性具三身，发明成四智。

不离见闻缘，超然登佛地。

吾今为汝说，谛信永无迷。

莫学驰求者，终日说菩提。

智通又问：四智的道理，可以听您讲讲吗？

惠能大师说：既然领会了三身之意，就明了四智的意义，何必再问呢？如果脱离了三身，再谈什么四智。这叫作有智无身，就是这个有智慧终究还是等于没有智慧。又说偈：

　　大圆镜智性清净，平等性智心无病，

　　妙观察智见非功，成所作智同圆镜。

　　五八六七果因转，但用名言无实性，

　　若于转处不留情，繁兴永处那伽定。

　　智通立刻顿悟了在自性上谈三身四智的道理，便呈上自作的偈：

　　三身元我体，四智本心明；

　　身智融无碍，应物任随形。

　　起修皆妄动，守住匪真精；

　　妙旨因师晓，终亡染污名。

　　僧智常，信州贵溪①人。髫年出家，志求见性。一日参礼。

　　师问曰：汝从何来，欲求何事？

　　曰：学人近往洪州白峰山礼大通和尚②，蒙示见性成佛之义，未决狐疑。远来投礼，伏望和尚慈悲指示。

　　师曰：彼有何言句，汝试举看？

　　曰：智常到彼，凡经三月，未蒙示诲。为法切故，一夕独入丈室③，请问如何是某甲本心本性？大通乃曰：汝见虚空否？对曰：见！彼曰：汝见虚空有相貌否？对曰：虚空无形，有何相貌？彼曰：汝之本性，犹如虚空，了无一物可见，是名正见；无一物可知，是名真知。无有青黄长短，但见本源清净，觉体圆明，即名见性成佛，亦名如来知见。学人虽闻此说，犹未决了，乞和尚开示。

　　师曰：彼师所说，犹存见知，故令汝未了。吾今示汝一偈曰：

　　不见一法存无见④，大似浮云遮日面。

　　不知一法守空知⑤，还如太虚生闪电。

此之知见瞥然兴，错认何曾解方便⑥。

汝当一念自知非，自己灵光常显现。

常闻偈已，心意豁然，乃述偈曰：

无端起知见，著相⑦求菩提，

情存一念悟，宁越昔时迷⑧。

自性觉源体，随照枉迁流，

不入祖师室，茫然趣两头。

智常一日问师曰：佛说三乘⑨法，又言最上乘⑩，弟子未解，愿为教授。

师曰：汝观自本心，莫著外法相。法无四乘⑪，人心自有等差。见闻转诵是小乘，悟法解义是中乘，依法修行是大乘。万法尽通，万法俱备，一切不染，离诸法相，一无所得，名最上乘。乘是行义，不在口争，汝须自修，莫问吾也。一切时中，自性自如。

常礼谢执侍，终师之世。

【注释】　①信州贵溪：信州，今江西上饶县。贵溪是今江西贵溪县。②大通和尚：五祖弘忍大师弟子神秀的谥号。③丈室：相传维摩居士所住的石室，长宽只有一丈，方丈之名，即是由此而来。即禅寺中住持之居室或客殿，今转申为禅林住持，或对师父之尊称。俗称"方丈"或"方丈和尚"。④不见一法存无见："不见一法"指上文大通和尚讲的"了无一物可见"。这里指连"无见"都不应该存在心中，这样将有碍于明心见性。⑤不知一法守空知："不知一法"指上文大通和尚讲的"了无一物可知"，"守空知"就是一种执著，认为真有"无一物可知"。⑥错认何曾解方便：错以无知无见为真实。追求"无见"、"空知"也是一种对外在一切现象的执著。⑦著相：执著于相状。这里指对"存无见"和"守空知"的执著。⑧情存一念悟，宁越昔时迷："悟"本是修行所追求的境界，但如果内心存在这一个"无"的念头，或自以为悟了，正好说明没有觉悟，反而是处在"迷"的情况。⑨三乘：指声闻、缘觉和菩萨三乘。⑩最上乘：指大白牛车，比喻得佛乘者。《金刚经》说如来为发大乘者，为发最上乘者。⑪四乘：三乘加上一乘（佛乘）就是四乘。

【译文】 僧人智常，信州贵溪人。幼年时就出家为僧了，立志求得识见本性。一天他来参拜礼敬惠能大师。

惠能大师问：你从哪里来，想求做什么？

智常说：弟子我不久前到洪州白峰山礼敬大通和尚，承蒙开示识见本性、成就佛道的教义，没有解决我心中的狐疑。大老远地跑来礼敬大师，乞望大师慈悲指授开示我。

惠能大师说：你在大通和尚那里参礼，有些什么对话，你先列举一些我来给你看看。

智常说：我到大通和尚那里，大约住了三个月，仍没有受到开示和教诲。因为求法心切的缘故，一天傍晚我一个人来到方丈室，向大通和尚请教什么是我的本心本性。大通和尚说："你看到虚空吗？"智常说："看到。"大通和尚问："你看到虚空有相貌吗？"智常说："虚空没有相状，怎么会有相状形貌呢？"大通和尚说："你的自我本性，就如同虚空，没有一个事物可以识见，这叫作正见；没有一个事物可以认知，这叫作真知。没有青黄长短，只见本源清净，智慧本体圆明，就叫作识见本性成就佛道，也叫作如来知见。"智常虽然听到这种说法，但仍然并未了解，恳请大师开示。

惠能大师说：那位大师所说的，仍然存在着知见的弊端，所以让你没有了达，我现在给你一个偈开示：

不见一法存无见，大似浮云遮日面。

不知一法守空知，还如太虚生闪电。

此之知见瞥然兴，错认何曾解方便。

汝当一念自知非，自己灵光常显现。

智常听了偈后，心意豁然领悟，便叙述了自作的偈：

无端起知见，著相求菩提，

情存一念悟，宁越昔时迷。

自性觉源体，随照枉迁流，

不入祖师室，茫然趣两头。

智常有一天问惠能大师：佛说有声闻、缘觉和菩萨三乘教法，却又说了最上乘的成佛方法，对于这一点弟子还没有开解，希望您为我指授教化。

惠能大师说：你观照自我本心，不要执著外境外相。佛法本来是没有四乘之分的，是因为人心中自己有等差。能够听讲佛经并转而念诵的是小乘法，开悟佛法解说义理的是中乘法，依照佛法修行的是大乘法，一切教法都能通达，一切教法都自具备，一切都不被沾染，超离一切法相，且一无所得，这叫作最上乘。乘是修行的意思，不在于口头上争论，你需要自己修行，不要问我了。时时刻刻，自我本性如如不动。

智常礼拜致谢并从此侍奉惠能大师直至去世。

僧志道，广州南海[①]**人也。请益曰：学人自出家，览涅槃经十载有余，未明大意，愿和尚垂诲。**

师曰：汝何处未明？

曰："诸行无常[②]，是生灭法；生灭灭已，寂灭为乐[③]"。于此疑惑。

师曰：汝作么生疑？

曰：一切众生皆有二身，谓色身法身[④]也。色身无常，有生有灭；法身有常，无知无觉。经云：生灭灭已，寂灭为乐者，不审何身寂灭？何身受乐？若色身者，色身灭时，四大分散[⑤]，全然是苦，苦不可言乐。若法身寂灭，即同草木瓦石，谁当受乐？又法性是生灭之体，五蕴是生灭之用；一体五用，生灭是常。生则从体起用，灭则摄用归体。若听更生，即有情之类，不断不灭。若不听更生，则永归寂灭，同于无情之物。如是，则一切诸法被涅槃[⑥]之所禁伏，尚不得生，何乐之有？

师曰：汝是释子，何习外道断常[⑦]邪见，而议最上乘法？据汝所说，即色身外别有法身，离生灭求于寂灭。又推涅槃常乐，言有身受用。斯乃执吝生死，耽著世乐。汝今当知佛为一切迷人，认五蕴⑧和合为自体相，分别一切法为外尘相，好生恶死，念念迁流，不知梦幻虚假，枉受轮回⑨，以常乐涅槃，翻为苦相，终日驰求。佛愍此故，乃示涅槃真乐，刹那无有生相，刹那无有灭相，更无生灭可灭，是则寂灭现前。当现前时，亦无现前之量，乃谓常乐。此乐无有受者，亦无不受者，岂有一体五用之名？何况更言涅槃禁伏诸法，令永不生，斯乃谤佛毁法。听吾偈曰：

无上大涅槃，圆明常寂照。

凡愚谓之死，外道执为断；

诸求二乘人，目以为无作；

尽属情所计，六十二见⑩本。

妄立虚假名，何为真实义？

惟有过量人，通达无取舍。

以知五蕴法，及以蕴中我，

外现众色象，一一音声相，

平等如梦幻，不起凡圣见；

不作涅槃解，二边三际⑪断。

常应诸根用，而不起用想；

分别一切法，不起分别想。

劫火烧海底，风鼓山相击，

真常寂灭乐，涅槃相如是。

吾今强言说，令汝舍邪见，

汝勿随言解，许汝知少分。

志道闻偈大悟，踊跃作礼而退。

【注释】 ①广州南海：即今天的广东佛山。②诸行无常：世间一切现象与万物经常转变不息。这是佛法之根本大纲。与诸法无我、涅槃寂静，同为三法印之一。③寂灭为乐：远离迷惑世界之境地。寂灭也是涅槃的语译。此境地对处于生死流转不安的迷界众生而言，含有快乐之意，故称寂灭为乐。④色身法身：色身指有色有形之身，广指肉身而言。但佛典中多用以指佛、菩萨的相好身。即相对于无色无形的法身，称有色有形的身相为色身。法身又名自性身，或法性身，即指佛所说的正法、佛所得之无漏法，及诸佛所证的真如法性之身。⑤四大分散：人们的肉身，就是由地、水、火、风之坚、湿、暖、动等性所构成的。此四大种性如果不调和，肉身就会散坏，即人的肉体将生病或死亡。⑥涅槃：又译作泥日、泥洹、涅槃那等，意译为灭、灭度、寂灭、安乐、无为、不生、解脱、圆寂等。涅槃的字义，有消散的意思，即苦痛的消除而得自在。也就是灭生死之因果，渡生死之瀑流，达到智悟的菩提境界。⑦断常：即断见和常见。⑧五蕴：指构成一切有为法的五种要素，即色蕴、受蕴、想蕴、行蕴、识蕴。"蕴"，意指积集，旧译作阴、众、聚，故五蕴又称五阴、五众、五聚。⑨轮回：又作流转、死、生死轮回、生死相续、轮回转生、沦回、轮转等。谓众生由惑业之因（贪、嗔、痴三毒）而招感三界、六道之生死轮转，恰如车轮之回转，永无止尽，故称轮回。印度婆罗门教、耆那教等都采用这种理论作为它们的根本教义之一。佛教沿用了这个原则并作了进一步的发展，注入自己的教义。⑩六十二见：指外道的六十二种错误的见解。这里泛指一切错误的观点。⑪二边三际：二边是指有、无二边；三际指过去、现在、未来三时，或指外、内、中间三处。

【译文】 僧人志道，广州南海人。向惠能大师请教：弟子自从出家以来，阅读《涅槃经》已经有十多年了，都没有明白经文大意，希望大师给予教诲。

惠能大师问：你是哪里不明白？

志道说：经中有这一句，"诸行无常，是生灭法；生灭灭已，寂灭为乐。"我对这一句疑惑不解。

惠能大师说：你有什么疑惑?

志道说：一切众生都有色身、法身这二身。色身是变化的，有生也有死；法身是永恒的，无知也无觉。佛经上说，生灭灭已，寂灭为乐，我不知道是哪一个身寂灭? 哪一个身受乐? 如果是色身，那么色身坏灭的时候，由地、水、火、风四大和合组成的色身全部分散了，这全部都是苦，既然苦就不可以说是乐。如果法身寂灭，就如同草木瓦石一样，谁来承当受乐呢? 另外，法性是生灭的本体，五蕴是生灭的功用；一个主体五种功用，生灭应该是永恒不变的。生就是从本体中生起作用，灭就是收回功用复归本体。如果听任其再生，那么所有有情，不会断灭。如果不任其再生，那就永远归于寂灭，等同于草木瓦石等无情之物。这样，那么一切法都被涅槃禁伏，尚且不能得再生，又有什么乐处呢?

惠能大师说：你是佛门弟子，怎么学习外道断灭和永恒的那类偏见，并以此来议论最上乘佛法? 根据你所说的，就是说色身之外还有法身，超离生灭，求得寂灭。又说涅槃常乐，都是说有一个身在受用。你这乃是执著于生死，沉迷于世间享乐。你现在应该知道，一切执迷的人，都把五蕴和合作为自体的实相，区分一切法为外在现象，贪求生存，厌恶死亡，不知道世间一切都是梦幻虚假，徒劳无益，空受轮回，反而把永恒极乐的涅槃认作为苦相，整天追逐寻求世俗欲念。佛正是由于怜悯他们的缘故，才显示涅槃的真正极乐，瞬间没有了生的相状，瞬间没有了灭的相状，更没有生灭这个相状可以灭，则真正的寂灭出现在眼前。即便当它出现眼前时，也没有"出现"这个量显现，这叫作常乐。这个乐没有承受者，也没有不承受者，哪里有所谓的一个本体五种功用的说法? 何况还说涅槃禁伏住了一切万法，使这些一切永远不得再生，这实在是诽谤佛，毁誉佛法。听我的偈：

无上大涅槃，圆明常寂照。

凡愚谓之死，外道执为断；

诸求二乘人，目以为无作；

尽属情所计，六十二见本。

妄立虚假名，何为真实义?

惟有过量人，通达无取舍。

以知五蕴法，及以蕴中我，

外现众色象，一一音声相，

平等如梦幻，不起凡圣见；

不作涅槃解，二边三际断。

常应诸根用，而不起用想；

分别一切法，不起分别想。

劫火烧海底，风鼓山相击，

真常寂灭乐，涅槃相如是。

吾今强言说，令汝舍邪见，

汝勿随言解，许汝知少分。"

志道听了偈后大彻大悟，欢喜跳跃，行礼退下了。

行思禅师①，生吉州安城刘氏，闻曹溪法席盛化，径来参礼。

遂问曰：当何所务，即不落阶级？

师曰：汝曾作什么来？

曰：圣谛②亦不为。

师曰：落何阶级？

曰：圣谛尚不为，何阶级之有？

师深器之，令思首众。一日，师谓曰：汝当分化一方，无令断绝。

思既得法，遂回吉州青原山，弘法绍化。谥弘济禅师。

怀让禅师③，金州杜氏子也。初谒嵩山安国师④，安发之曹溪参扣。让至礼拜。

师曰：甚处来？

曰：嵩山。

师曰：什么物，恁么来？

曰：说似一物即不中⑤。

师曰：还可修证否？

曰：修证即不无，污染即不得⑥。

师曰：只此不污染，诸佛之所护念。汝既如是，吾亦如是。西天般若多罗谶⑦：汝足下出一马驹，踏杀天下人⑧。应在汝心，不须速说！

让豁然契会，遂执侍左右一十五载，日臻玄奥。后往南岳，大阐禅宗。

【注释】 ①行思禅师：生于671年，示寂于740年，吉州安城（今江西吉安）人，俗姓刘。幼年出家，从六祖惠能学法。与南岳怀让并称二大弟子，同嗣六祖法脉。后住吉州青原山静居寺，故号青原行思。门徒云集，禅风大振。其后又自此法系衍出云门、曹洞、法眼三系。②圣谛：所谓"谛"，即真实不虚的道理；"圣谛"，即指圣者所知一切寂静的境界，乃佛教之根本大义，所以又称第一义、真谛。③怀让禅师：生于677年，示寂于744年，金州安康（今陕西）人，惠能圆寂后，得嗣其法并于南岳般若寺观音台弘教传禅。到他的弟子马祖道一时，怀让一系禅宗兴盛起来，被称为南岳一系。其后又自此法系衍出沩仰和临济两系。④安国师：弘忍的弟子之一，曾常住于嵩山。⑤说似一物即不中："不中"即不行，不可以。禅宗认为，人的本心和本性是离言绝相的，明心见性的禅境体验不能以言语来确切描述。⑥修证、污染："修证"，即指修行与证悟。"污染"谓人受五欲六尘之影响，而使自性不得清净。又污染亦含有烦恼之意。⑦西天般若多罗谶："西天"指天竺。"般若多罗"是禅宗所立西天二十八祖中之第二十七祖。又称璎珞童子。东天竺人，婆罗门种。约二十岁遇二十六祖不如蜜多，受付嘱而成为西天第二十七祖。"谶"指预言。⑧汝足下出一马驹，踏杀天下人：指怀让门下出现马祖道一之后，禅宗将更加兴盛。

【译文】 行思禅师，生于吉州安城刘氏家中，听说曹溪惠能大师流布佛法，影响广大，就直接来参拜惠能大师。

便问：应当怎么做，就不会落入有阶级的渐修？

惠能大师说：你曾经做什么了？

行思禅师说：我连圣谛也不修。

惠能大师说：那落到哪个阶级了？

行思禅师说：连圣谛都不修，哪还会有什么阶级存在？

惠能大师十分器重他，让行思作了首座。一天，惠能大师说：你应当单独教化一方水土，不要让佛法断绝。

行思领受了教法，就回到吉州青原山，弘传佛法，广为教化。

怀让禅师，金州杜氏的儿子。最初拜嵩山慧安国师，慧安国师让他到曹溪山来参拜惠能大师。怀让禅师来到曹溪山并礼拜惠能大师。

惠能大师说：从哪里来？

怀让禅师说：嵩山。

惠能大师说：是什么东西，怎么来的？

怀让禅师说：说像一个东西就不是了。

惠能大师说：还可以修行证悟吗？

怀让禅师说：修行证悟就不是无，受到浸染就不可得了。

惠能大师说：具有不受污染这一点，是所有佛所共同护念的。你就是这样，我也是这样。西天竺的般若多罗法师曾经预言："在你的门下将要出现一匹小马驹，他的智慧可以征服天下人。"这个预言你感应在心中，不必过早地说出来。

怀让豁然契悟，便侍奉惠能大师身边十五年，越来越修证到玄妙深奥的境界。后来去了南岳衡山，大力阐扬禅宗。

永嘉玄觉禅师①，温州戴氏子，少习经论，精天台止观法门②。因看维摩经，发明心地。偶师弟子玄策相访，与其剧谈，出言暗合诸祖。

策云：仁者得法师谁？

曰：我听方等经论，各有师承。后于维摩经，悟佛心宗，未有证明者。

策云：威音王已前③即得，威音王已后，无师自悟，尽是天然外道。

曰：愿仁者为我证据。

策云：我言轻，曹溪有六祖大师，四方云集，并是受法者。若去，则与偕行。

觉遂同策来参。绕师三匝，振锡而立。

师曰：夫沙门④者，具三千威仪，八万细行⑤。大德⑥自何方而来，生大我慢？

觉曰：生死事大，无常迅速。

师曰：何不体取无生，了无速乎？

曰：体即无生，了本无速。

师曰：如是！如是！

玄觉方具威仪礼拜。须臾告辞。

师曰：返太速乎？

曰：本自非动，岂有速耶？

师曰：谁知非动？

曰：仁者自生分别。

师曰：汝甚得无生之意。

曰：无生岂有意耶？

师曰：无意谁当分别？

曰：分别亦非意。

师曰：善哉！少留一宿。

时谓一宿觉。后著证道歌，盛行于世。

【注释】　①永嘉玄觉禅师：温州（浙江省）永嘉人，俗姓戴，字明道，号永嘉玄觉。八岁出家，博探三藏，尤通天台止观。后于温州龙兴寺侧岩下自构禅庵，独居研学，常修禅观。偶因左溪玄朗之激励，遂起游方之志，与东阳玄策共游方寻道。至韶阳时，谒曹溪惠能，与惠能相问答而得其印可，惠能留之一宿，翌日即归龙兴寺，时人称之"一宿觉"。其后，学者辐辏，号真觉大师。玄朗赠书招之山栖，师复书辞退。先天二年十月十七日（一说开元二年，或先天元年）趺坐入寂，世寿四十九。法嗣有惠操、惠特、等持、玄寂等人。著作有《禅宗永嘉集》十卷（庆州刺史魏靖辑）、《证道歌》一首、《禅宗悟修圆旨》一卷等。③天台止观法门："天台"，即天台宗，乃中国佛教宗派之一。因注重《法华经》，所以也称"法华宗"。天台宗主张定（止）慧（观）为修行的主要内容，所以用"止观法门"概括天台宗的理论和实践。③威音王已前：威音王，又作寂趣音王佛。乃过去庄严劫最初之佛名。"威音王已前"为禅宗僧人常用语。用以指点学人自己本来面目之语句，意同"父母未生以前"、"天地未开以前"等语。盖威音王佛乃过去庄严劫最初的佛名，故以之表示无量无边的久远之前。④沙门：即勤修佛道和息诸烦恼的意思，为出家修道者的通称。即指剃除须发，止息诸恶不善，调御身心，勤修诸善，以期证得涅槃境界。⑤三千威仪，八万细行：为佛弟子持守日常威仪的做法。僧人的动作有威德有仪则，称为威仪；戒律之外的各种微细的仪则规定，称为细行。"三千"、"八万"喻数量之多，并非实数。综合而言，"三千威仪，八万细行"指有关比丘行、住、坐、卧四威仪中，所应注意的细行。⑥大德：印度时对佛菩萨或高僧的敬称，比丘中之长老，也称大德。中国一般作为对高僧的敬称。

【译文】　永嘉玄觉禅师，温州戴氏的儿子，小时候学习经论，精通天台宗的止观教义。因为看了《维摩经》，认识了自我心性。偶然，惠能大师的弟子玄策来访，和他大谈佛理，永嘉玄觉所说的话都与佛祖的真义隐隐相合。

玄策说：你所得的法是师从何人而得来的？

永嘉玄觉说：我听大乘经典，都各有师承关系。后来在读《维摩经》

时，开悟佛心宗，我的见解还没有得到印证。

玄策说：在威音王佛以前，无师自通是可以的，在威音王佛之后，没有师承传授而自我开悟，自然全部是外道。

永嘉玄觉说：希望你能为我印证。

玄策说：我人微言轻，不足以为你印证。曹溪山有六祖惠能大师，四面八方的人都云集在他那里，并且都是受得正法的。你如果想去，我就和你同行。

永嘉玄觉便随同玄策来参礼六祖惠能大师。玄觉绕着惠能走了三圈后，举着锡杖站在那里。

惠能大师说：出家人，应该具有三千威仪，八万细行等种种戒律仪轨。大德你是从哪里来，对我生起如此大的傲慢和不敬？

玄觉说：人的生死才是大事，且无常交替迅速，变化很快。

惠能大师说：为什么不体悟领受无生无死之理，明了没有迅速不迅速的道理呢？

玄觉说：能体悟就是无生无死，明白了本来就无迅速变化。

惠能说：是这样！是这样！

玄觉这才整肃仪容向惠能大师礼敬参拜，一会儿便向大师告辞欲走。

惠能大师说：你这就返回，太快了吧？

玄觉说：本来就没有动与不动，哪里有快和不快？

惠能大师说：谁能知道不是动呢？

玄觉说：你自己生起分别之心。

惠能大师说：你已经十分理解无生无死的道理了。

玄觉说：无生无死难道还有意义吗？

惠能大师说：没有意义谁能分别它呢？

玄觉说：分别本身也不是意义。

惠能大师说：好啊！小住一晚吧。

当时称之为"一宿觉"。后来永嘉玄觉作了《证道歌》，流传盛行于世间。

禅者智隍，初参五祖，自谓已得正受①。庵②居长坐，积二十年。师弟子玄策，游方至河朔，闻隍之名，造庵问云：汝在此作什么？

隍曰：入定③。

策云：汝云入定，为有心入耶，无心入耶？若无心入者，一切无情草木瓦石，应合得定；若有心入者，一切有情含识之流，亦应得定。

隍曰：我正入定时，不见有有无之心。

策云：不见有有无之心，即是常定，何有出入？若有出入，即非大定④！

隍无对。良久，问曰：师嗣谁耶？

策云：我师曹溪六祖。

隍云：六祖以何为禅定？

策云：我师所说，妙湛圆寂，体用⑤如如，五阴⑥本空，六尘⑦非有。不出不入，不定不乱。禅性无住，离住禅寂。禅性无生，离生禅想。心如虚空，亦无虚空之量。

隍闻是说，径来谒师。

师问云：仁者何来？

隍具述前缘。

师云：诚如所言，汝但心如虚空，不著空见，应用无碍，动静无心，凡圣情忘，能所⑧俱泯，性相如如⑨，无不定时也。

隍于是大悟，二十年所得心，都无影响。其夜河北士庶闻空中有声云：隍禅师今日得道！隍后礼辞，复归河北，开化四众⑩。

【注释】 ①正受：是禅定的异名。"正"即定心而离邪念，"受"指无念无想而纳法在心。因此正受即远离邪想而领受所缘之境的状态。即入定时，以定力使身、心领受平等安和之相。②庵：以草木覆盖而成之简陋小屋。乃出家者、退隐者远离村落所居之房舍，以作为修行之处。③入定：入于禅定的意思，即摄驰散之心，入安定不动之精神状态。有时得道者的示寂，也称为入定。这里指前者。④大定：为佛的三德（大定、大智、大悲）之一，佛心澄明寂静叫作大定。以大定可断除一切妄惑，故又称大定为断德。⑤体用：指诸法之体性与作用。⑥五阴：与"五蕴"同。⑦六尘：指色尘、声尘、香尘、味尘、触尘、法尘六境。又作外尘、六贼。尘即染污的意思，以六识缘六境而遍污六根，能昏昧真性，故称为尘。此六尘在心之外，故称外尘。此六尘犹如盗贼，能劫夺一切之善法，故称六贼。⑧能所：即"能"与"所"的并称。主体叫作能，客体叫作所。例如能见物的"眼"，称为能见；为眼所见的"物"，称为所见。又譬如六根对六尘，六根是能缘，六尘为所缘。总之，能与所具有相即不离与体用因果的关系，故称能所一体。⑨性相如如：指体性与相状。不变而绝对的真实本体，或事物的自体称为性；差别变化的现象和相状称为相。性与相其实无异，仅名称有别。说性即说相，说相即说性。如说火性即说热相，说热相即说火性。"如如"是不动、寂默、平等不二、不起颠倒分别的自性境界。如理智所证得的真如叫作"如如"。⑩四众：指构成佛教教团的四种弟子众。又称四辈、四部众、四部弟子。有两种含义：其一指出家之四众，即比丘、比丘尼、沙弥、沙弥尼。其二指僧俗四众，即比丘、比丘尼、优婆塞、优婆夷。

【译文】 智隍禅师，最初参拜五祖弘忍，自己宣称已经得到了正宗传授。智隍居住在庵室里长期打坐，累计二十年了。惠能大师的弟子玄策，游历到河北一带，听说了智隍的名声，便造访智隍的庵室，问：你在这里干什么？

智隍回答说：入定。

玄策问：你说入定，是有心念入定呢，还是无心念入定呢？如果是无心念入定的，一切的草木瓦石无情众生，应该都能达到入定；如果是有心念入定的，一切含有意识的有情众生之类，也应该能达到入定。

智隍说：当我真正入定时，看不到我有"有无"的心念。

玄策说：看不到"有无"的心念，就是常定，怎么又有出入之分呢？如果有出有入，那就不是真正的定了！

智隍无言以对。过了很久，问玄策：你师承的是谁啊？

玄策说：我的师父是曹溪山六祖惠能大师。

智隍问：六祖惠能大师认为什么是禅定？

玄策说：我师父说，法身圆融湛然常寂，性相体用一如，五蕴和合，本来是空，六尘也不是真实存在。既不出，也不入，不执于定，不生散乱心。禅的本性是不执无滞的，要超离执著禅的念想。心如同虚空一样，不存在对虚空的度量。

智隍听到这样说法，直接来拜谒六祖惠能大师。

惠能大师问：你从哪里来？

智隍把遇到玄策的因缘全部描述了一遍。

惠能大师说：正像玄策说的那样，你只要心如虚空一般，又不执著于对空的妄见，自如应用，没有滞碍，对于动静，不生其心，世俗和圣境全部两忘，主观和客观对象能够一齐泯绝，性相如一，就无时无刻不在禅定之中，没有不禅定的时刻了。

智隍于是大彻大悟，二十年修行所得的执著之心，刹那间都没有留下影响。那天夜里河北的官吏和百姓都听到空中有声音说：智隍禅师今天得成佛道了！智隍后来礼敬告辞，又回到了黄河以北，开示教化大众。

一僧问师云：黄梅意旨[①]，甚么人得？

师云：会佛法人得。

僧云：和尚还得否？

师云：我不会佛法[②]。

师一日欲濯所授之衣，而无美泉。因至寺后五里许，见山林郁茂，瑞气盘旋，师振锡卓地，泉应手而出。积以为池，乃跪膝浣衣石上。忽有一僧来礼拜，云：方辩是西蜀人。昨于南天竺国，见达磨大师，嘱方辩速往唐土：吾传大迦叶正法眼藏[③]，及僧伽梨④，见传六代，于韶州曹溪，汝去瞻礼。方辩远来，愿见我师传来衣钵。

师乃出示。次问：上人攻何事业？

曰：善塑。

师正色曰：汝试塑看。

辩罔措。过数日，塑就真相，可高七寸，曲尽其妙。

师笑曰：汝只解塑性，不解佛性。

师舒手摩方辩顶。曰：永为人天福田。

有僧举卧轮禅师⑤偈曰：

卧轮有伎俩，能断百思想。

对境心不起，菩提日日长。

师闻之，曰：此偈未明心地。若依而行之，是加系缚。

因示一偈曰：

惠能没伎俩，不断百思想；

对境心数起，菩提作么长？

【注释】　①黄梅意旨：这里指五祖弘忍的教法。②我不会佛法：这一句话强调禅宗自证自悟，主张徒弟不能从老师那里获得什么现成的东西。③大迦叶：摩诃迦叶波的简称，佛十大弟子之一，有"头陀第一"、"上行第一"等称号。大迦叶是王舍城摩诃娑陀罗村人，大富婆罗门尼拘卢陀羯波之子。以诞生于毕钵罗树下，故取名毕钵罗耶那；又因出自大迦叶种，而称大迦叶。出家不久后，遇见佛陀，蒙受教化。八日后，发正智，脱却自身僧伽梨以奉佛，并穿着佛陀所授之粪扫衣，证得阿罗汉果。大迦叶在俗时，以富裕闻名，然于出家后，少欲知足，常行头陀行。禅宗以大迦叶为付法藏第一祖，尤以"拈花微笑"的故事，为禅家所传颂，并据此尊大迦叶为禅宗天竺初祖。正法眼藏：亦名"清净法眼"。"正法眼"指佛的心眼彻见正法；"藏"的意思为深广而万德含藏。禅宗用正法眼藏来称其教外别传的心印。④僧伽梨：为三衣之一。

即九条以上的衣服。因必须割截后才能制成，所以称为重衣、复衣、重复衣。又因其条数多，所以称为杂碎衣。一般是在外出及其他庄严仪式时穿，如入王宫、聚落、乞食，及升座说法、降伏外道等时候穿，故称入王宫聚落衣。又以其为诸衣中最大者，故称大衣。⑤卧轮禅师：此禅师事迹不详。

【译文】 有一个僧人问惠能大师：黄梅五祖弘忍大师的衣钵，什么人得到了？

惠能大师说：领会佛法的人得到了。

僧人问：大师您得到了吗？

惠能大师说：我不会传法。

有一天，惠能大师想洗涤一下五祖弘忍大师所传的袈裟，可是周围没有上好的清泉。因此大师来到寺庙后面五里远的地方，看到这里山林葱郁茂密，有祥瑞之气笼罩盘旋，惠能大师举起锡杖在地上一戳。泉水立刻涌了出来。积成了一个水池，惠能大师便跪在石头上洗着袈裟。忽然有一个僧人来礼敬参拜，说："我方辩是西蜀人。昨天我在南天竺国，见到达磨大师，他嘱咐我赶快到唐国来，达磨说他所传大迦叶的真正教法及九品大衣，现在传到第六代祖，目前在韶州曹溪山，你去瞻仰礼拜他。方辩我远道而来，希望能得见我达磨祖师所传之袈裟。

惠能大师取出袈裟展示给他看。随后问：你擅长什么事呢？

方辩说：擅长雕塑。

惠能严肃地说：你试着塑给我看看。

方辩一时迷惘无措。过了几天，塑好了一尊佛像，高七寸，曲尽其妙，十分逼真。

惠能大师笑着说：你只理解了雕塑之特性，不理解佛性。

惠能大师用手抚摩方辩的头顶说：让这里永远成为人天福田。

有一个僧人展示了卧轮禅师的一首偈：

卧轮有伎俩，能断百思想。

对境心不起，菩提日日长。

惠能大师听了说：这个偈还没有明见自我本心，如果按照这个偈来修行，将会受到束缚。

因此开示了一个偈，说：

惠能没伎俩，不断百思想；

对境心数起，菩提作么长？

顿渐品第八

时，祖师居曹溪宝林，神秀大师在荆南玉泉寺①。于时两宗盛化，人皆称南能北秀，故有南北二宗顿渐之分。而学者莫知宗趣。师谓众曰：法本一宗，人有南北；法即一种，见有迟疾。何名顿渐？法无顿渐，人有利钝，故名顿渐。

然秀之徒众，往往讥南宗祖师，不识一字，有何所长？

秀曰：他得无师之智②，深悟上乘，吾不如也。且吾师五祖，亲传衣法，岂徒然哉？吾恨不能远去亲近，虚受国恩。汝等诸人毋滞于此，可往曹溪参决。

一日，命门人志诚③曰：汝聪明多智，可为吾到曹溪听法。若有所闻，尽心记取，还为吾说。

志诚禀命至曹溪，随众参请，不言来处。时祖师告众曰：今有盗法之人，潜在此会。志诚即出礼拜，具陈其事。

师曰：汝从玉泉来，应是细作④。

对曰：不是。

师曰：何得不是？

对曰：未说即是，说了不是。

师曰：汝师若为示众？

对曰：常指诲大众，住心观静，长坐不卧。

师曰：住心观静，是病非禅。长坐拘身，于理何益？听吾偈曰：生来坐不卧，死去卧不坐；一具臭骨头，何为立功课⑤？

【注释】　①荆南玉泉寺：古本作荆南当阳山玉泉寺。《景德传灯录》作荆州当阳山度门寺。②无师之智：无师而独自觉悟的佛智，指不借他力，不待他人教而自然成就之智慧。③志诚：志诚禅师，吉州太和人，年少时于荆南当阳山玉泉寺事奉神秀禅师。④细作：奸细。⑤一具臭骨头，何为立功课：人应当明心见性，顿悟成佛，不需要在肉身上强下功夫，不应执著于拘泥于身体坐禅而不卧。

【译文】　那时，惠能大师在曹溪山宝林寺，神秀大师在荆南玉泉寺。故而当时两大宗派兴盛教化，被人们称为"南能北秀"，所以有南宗北宗、顿教渐教的分别。然而学道修禅的人们并不是真正理解他们的宗义和旨趣。惠能大师对众人说：佛法真谛本来就只有一个，因为传法之人有南北，才有了南宗北宗的区分；佛法真谛本来就只有一个，只是因为悟道有快有慢，才有了顿悟渐悟的区分。什么叫顿悟渐悟？佛法本身没有顿悟渐悟之分，因为人的根器有聪慧和愚钝，所以才有顿悟渐悟之分，因此称之为顿渐。

然而神秀大师的弟子门人，常常讥讽南宗六祖惠能大师：不识一个字，能有什么过人之处呢？

神秀大师说：惠能得到了不需要依靠师父指导传授，而能自悟自通的智慧，深悟最上乘智慧，我比不上他。并且我师父五祖弘忍大师亲自传授衣钵和教法给他，难道是白费气力的吗？我只恨路途太远不能与他多交流，在这里枉受国家对我的恩宠。你们不要总是滞留在我的身边，可以前往曹溪山惠能大师那里修学问道。

有一天，神秀大师对弟子志诚说：你聪明而且主意多，可以为我去曹溪山听惠能大师的教法。如果听到什么，尽力记下来，回来再告诉我。

志诚奉命来到曹溪山，跟随着大众向惠能大师参学请益，不讲自己是从哪里来的。当时，惠能大师向大众宣告说：今天有偷听教法的人，潜藏在众人中。志诚立刻出来礼敬参拜，陈述了自己来这里的缘由。惠能大师说：你从玉泉寺来，那就是奸细了。

国学经典丛书

志诚说：我不是。

惠能大师说：为何说你不是？

志诚说：如果我没有说明来意可以说是奸细，表明了来意就不能算是奸细了。

惠能大师说：你师父神秀大师是如何教化开示弟子的？

志诚说：师父常常教导弟子要守住本心，观想清净，长期静坐，不要躺卧。

惠能大师说：住心观静，这是错误的，这不是修禅。常常打坐，拘泥于身体的修行，对成佛悟道并没有什么帮助。请听我的偈颂：

生来坐不卧，死去卧不坐；

一具臭骨头，何为立功课？

志诚再拜曰：弟子在秀大师处，学道九年，不得契悟①。今闻和尚一说，便契本心。弟子生死事大，和尚大慈，更为教示。

师云：吾闻汝师教示学人戒定慧法，未审汝师说戒定慧行相②如何？与吾说看。

诚曰：秀大师说：诸恶莫作名为戒，诸善奉行名为慧，自净其意名为定。彼说如此，未审和尚以何法诲人？

师曰：吾若言有法与人，即为诳汝。但且随方解缚，假名三昧。如汝师所说戒定慧，实不可思议；吾所见戒定慧又别。

志诚曰：戒定慧只合一种，如何更别？

师曰：汝师戒定慧接大乘人，吾戒定慧接最上乘人，悟解不同，见有迟疾。汝听吾说，与彼同否？吾所说法，不离自性。离体说法，名为相说③，自性常迷。须知一切万法，皆从自性起用，是真戒定慧法。听吾偈曰：

心地无非自性戒，

心地无痴自性慧，

心地无乱自性定，

不增不减自金刚，

身去身来本三昧。

诚闻偈，悔谢，乃呈一偈曰：

五蕴幻身，幻何究竟？

回趣真如，法还不净。

师然之。复语诚曰：汝师戒定慧，劝小根智人；吾戒定慧，劝大根智人。若悟自性，亦不立菩提涅槃，亦不立解脱知见；无一法可得，方能建立万法。若解此意，亦名佛身，亦名菩提涅槃，亦名解脱知见。见性之人，立亦得，不立亦得。去来自由，无滞无碍。应用随作，应语随答，普见化身，不离自性，即得自在神通④，游戏三昧⑤，是名见性。

志诚再启师曰：如何是不立义？

师曰：自性无非、无痴、无乱，念念般若观照，常离法相，自由自在，纵横尽得，有何可立？自性自悟，顿悟顿修，亦无渐次，所以不立一切法。诸法寂灭，有何次第？

志诚礼拜，愿为执侍，朝夕不懈。

【注释】 ①契悟：与自性清净心契合而开悟解脱。②戒定慧行相：这里指戒定慧的具体内容。③相说：住相之说，即执著于假有的说法，不是真正的佛法真谛。④神通：不可测又无碍的力量，一般有神足通、天眼通、天耳通、他心通、宿命通、漏尽通六种。神，"不测"的意思；通，"无碍"的意思。⑤游戏三昧：指识见清净自性者，进退自由自在，毫无拘束，犹如无心之游戏，心无牵挂，任运自如，得法自在。

【译文】 志诚再次礼拜惠能大师说：弟子在神秀大师那里，参学已有九年，没有契合本心得开悟。今天听大师开示，我一下就契合本心开悟了。弟子认为解脱生死是件大事，希望大师慈悲为怀，再给我一些教化开示。

惠能大师说：我听说你师父教导弟子戒定慧法，但不清楚你师父所讲的

国学经典丛书

具体内容？你给我说说看。

志诚说：神秀大师说，一切恶行不要造作叫作戒，一切善念全都奉行叫作慧，清净自我本心叫作定。神秀大师是那样说的，不清楚大师您用什么教法化导众生？

惠能大师说：我如果说有教法给你，那就是骗你。我只是根据不同情况，方便说法，解除束缚，借用修行三昧的假名。像你师父所说的戒定慧，其实是不可思虑议论的；我所认识的戒定慧和他不同。

志诚说：戒定慧应该只有一种，怎么还会有不同的戒定慧？

惠能大师说：你师父的戒定慧接引大乘根器的人，我的戒定慧接引上乘根器的人，领悟理解不尽相同，识见自我清净本性有快有慢。你听我说，看是否与神秀的相同。我所说的教法，不离开清净自性。离开自性说法，叫作执著相状说法，就会迷失本性。要知道一切事物和现象，都从清净自性中生起运用，这才是真正的戒定慧法。请听我的偈颂：

心地无非自性戒，

心地无痴自性慧，

心地无乱自性定，

不增不减自金刚，

身去身来本三昧。

志诚听了偈颂以后，幡然悔悟当即拜谢，并呈上一个偈颂：

五蕴幻身，幻何究竟？

回趣真如，法还不净。

惠能大师称许肯定他偈颂的境界，并告诉志诚说：你师父所说的戒定慧，是劝戒小根器的人；我所说的戒定慧，是劝戒大根器的人。如果识见了清净自性，也就不用再另立菩提涅槃，也不用另立对解脱的认识和见解；实际上没有一个法可以得，才能建立一切法。如果理解了这个真实意，就叫作佛，也叫作菩提涅槃，也叫作解脱知见。识见自性的人，立这些名相也能觉悟，不立这些名相也能觉悟。去来自由，没有滞留、没有妨碍。应用自如，随缘运作，根据语言随机应答，普见一切化身而又不离自性。得到随缘变化、自在无碍的神通，得到了游戏三昧的境界，这就叫作识见清净自性。

志诚再次拜谢大师并问：什么是不立之义？

大师说：清净自性没有是非、没有愚痴、没有散乱，念念相续没有间断地运用般若智慧观照万事万物，超离一切法相，不起执著分别，自由自在，纵横世间皆有所得。有什么需要安立呢？识见清净自性，自成佛道。顿悟顿修，也没有先后顺序，所以不需要安立任何一个外在的对象。万事万物都寂灭了，还有什么次第顺序呢？

志诚礼拜惠能大师，愿意早晚不停歇地侍奉大师。

僧志彻，江西人，本姓张，名行昌，少任侠。自南北分化，二宗主虽亡彼我，而徒侣竞起爱憎。时北宗门人，自立秀师为第六祖，而忌祖师传衣为天下闻，乃嘱行昌来刺师。

师心通，预知其事，即置金十两于座间。时夜暮，行昌入祖室，将欲加害。师舒颈就之，行昌挥刃者三，悉无所损。

师曰：正剑不邪，邪剑不正，只负汝金，不负汝命。

行昌惊仆，久而方苏，求哀悔过，即愿出家。师遂与金，言：汝且去，恐徒众翻害于汝。汝可他日易形而来，吾当摄受①。行昌禀旨宵遁，后投僧出家，具戒②精进。

一日，忆师之言，远来礼觐。师曰：吾久念汝，汝来何晚？

曰：昨蒙和尚舍罪，今虽出家苦行，终难报德，其惟传法度生乎！弟子常览涅槃经，未晓常、无常③义，乞和尚慈悲，略为解说。

师曰：无常者，即佛性也；有常者，即一切善恶诸法分别心也。

曰：和尚所说，大违经文。

师曰：吾传佛心印，安敢违于佛经？

曰：经说佛性是常，和尚却言无常；善恶之法乃至菩提心，皆是无常，和尚却言是常，此即相违，令学人转加疑惑。

师曰：涅槃经，吾昔听尼无尽藏读诵一遍，便为讲说，无一字一义不合经文。乃至为汝，终无二说。

曰：学人识量浅昧，愿和尚委曲开示。

师曰：汝知否？佛性若常，更说什么善恶诸法、乃至穷劫无有一人发菩提心者？故吾说无常，正是佛说真常之道也。又，一切诸法若无常者，即物物皆有自性，容受生死，而真常性有不遍之处。故吾说常者，正是佛说真无常义。佛比为凡夫外道执于邪常，诸二乘人于常计无常，共成八倒④。故于涅槃了义教⑤中，破彼偏见，而显说真常真乐真我真净。汝今依言背义，以断灭无常，及确定死常，而错解佛之圆妙最后微言，纵览千遍，有何所益？

行昌忽然大悟，说偈曰：

因守无常心，佛说有常性；

不知方便者，犹春池拾砾。

我今不施功，佛性而现前；

非师相授与，我亦无所得。

师曰：汝今彻也，宜名志彻。

彻礼谢而退。

【注释】　①摄受：这指惠能愿意度化志彻为徒；原意指以慈悲心去摄取众生。②具戒：比丘、比丘尼具足戒。指比丘、比丘尼所应受持之戒律，比丘二百五十戒，比丘尼五百戒。因与沙弥、沙弥尼所受十戒相比，戒品具足，故称具足戒。③常、无常：世间万事万物，生灭迁流，刹那不住，谓之无常；反之则谓之常，即指永恒不变、真实不虚。④八倒：指未开悟的人所执迷的八种错误见解。对生死的无常、无乐、无我、无净，执定为常、乐、我、净者，是凡夫的四倒；对涅槃的常、乐、我、净，执定为无常、无乐、无我、无净，是二乘人的四倒。合称"八倒"。⑤了义教：指直接、完全显现佛法真谛的教法。与之相对的是"不了义"。

【译文】 僧人志彻，江西人，俗姓张，名叫行昌，少年时候喜好行侠仗义。自从南宗北宗产生分化之后，两派宗主神秀大师和惠能大师虽然不分彼此，然而他们的弟子徒众却竞相生起爱憎争胜之心。当时，北宗弟子们，自封神秀大师为禅宗第六代祖师，又嫉妒惠能大师得五祖传衣钵之事被天下人知道，便嘱咐行昌来谋害惠能大师。

惠能大师心中早有灵通，事先预测到了这件事，便放了十两黄金在座位上。那天天黑以后，行昌潜入惠能大师的房间，准备加害大师。大师伸出脖子给他砍，行昌砍了三刀，却一点没有损伤到大师。

大师说：正义之剑不会邪恶，邪恶之剑不能正义，我只差你金钱，不欠你性命。

行昌惊恐万状扑倒在地，很久才醒过来，哀求大师给他悔过自新的机会，并愿意随大师出家为僧。大师便给了他金子，对他说：你暂时先离开这里，我担心我的弟子们反过来要加害你。你可以在其他时间乔装打扮再来，我自当接受你为徒。行昌领受大师旨意连夜逃走。后来，他随一僧人剃度出家，精进修行成佛之道。

有一天，行昌想起了惠能大师的话，就远道而来拜见大师。大师说：我念叨你很久了，你为什么来得这么晚？

行昌说：上次承蒙大师饶恕我的罪过。现在我虽然出家苦苦修行，终究难以报答大恩大德，只有传法度众生才能报答您的恩德。弟子我常常诵读《涅槃经》，不明白常、无常的教义。大师慈悲为怀，为我解说。

大师说：无常，就是真如佛性；常，就是执著于一切善恶法的分别心。

行昌说：大师，您说的与经文相违背。

惠能大师说：我传授佛法心印，怎么敢违背佛经呢？

行昌说：经文上说佛性是常，大师您却说佛性是无常；一切善恶事物，甚至般若智慧都是无常，大师您却说是常。这不是与经文相违背吗？这让我更加疑惑了。

大师说：《涅槃经》这部经，我曾经听尼姑无尽藏念诵过，我给她讲说经文大义，没有一点不符合佛经的。刚才给你讲的，也是同样的道理，不会违背佛经有别的说法。

行昌说：我愚昧浅薄，希望师父开示。

惠能大师说：你知道吗？如果佛性是常，为什么还要说善说恶，以至于还说"从来无人证得最高最圆满觉悟"？所以我说佛性无常，其实正是佛所说的真实常恒之道。还有，如果万事万物都是无常，也就是说，每一个事物都有自性以承受生死轮回，那么，真常佛性就会有不能遍及的地方。所以我说万法是常，正是佛所说的真正无常。佛知道世俗人和外道将无常看作真实存在，而声闻和缘觉二乘人，把佛性看作无常。所以出现了常、乐、我、净、非常、非乐、非我、非净八种颠倒妄想见。《涅槃经》的教义是破斥这些断见，指出什么是真常、真乐、真我、真净四德。你依据经文文字却违背经文经义，以有断灭的现象为无常，而以确定僵死为常，错误地理解佛最后宣说的妙谛。这样纵使念经千遍，又有何用？

行昌豁然开悟，念诵偈颂说：

因守无常心，佛说有常性；

不知方便者，犹春池拾砾。

我今不施功，佛性而现前；

非师相授与，我亦无所得。

惠能大师说：你现在彻底开悟了，就改名叫志彻吧。

志彻向大师行礼致谢后退下。

有一童子，名神会[1]，襄阳高氏子。年十三，自玉泉来参礼。

师曰：知识远来艰辛，还将得本来否？若有本则合识主，试说看！

会曰：以无住为本，见即是主。

师曰：这沙弥[2]争合取次语！

会乃问曰：和尚坐禅，还见不见？

师以柱杖打三下，云：吾打汝痛不痛？

对曰：亦痛亦不痛。

师曰：吾亦见亦不见。

神会问：如何是亦见亦不见？

师云：吾之所见，常见自心过愆，不见他人是非好恶，是以亦见亦不见。汝言亦痛亦不痛如何？汝若不痛，同其木石；若痛，则同凡夫，即起恚恨。汝向前见、不见是二边，痛、不痛是生灭。汝自性且不见，敢尔弄人？

神会礼拜悔谢。

师又曰：汝若心迷不见，问善知识觅路。汝若心悟，即自见性，依法修行。汝自迷不见自心，却来问吾见与不见。吾见自知，岂代汝迷？汝若自见，亦不代吾迷。何不自知自见，乃问吾见与不见？

神会再礼百余拜，求谢过愆，服勤给侍，不离左右。

一日，师告众曰：吾有一物，无头无尾，无名无字，无背无面，诸人还识否？

神会出曰：是诸佛之本源，神会之佛性。

师曰：向汝道无名无字，汝便唤作本源佛性。汝向去有把茆盖头③，也只成个知解宗徒④。

祖师灭后，会入京洛，大弘曹溪顿教，著显宗记⑤，盛行于世，是为荷泽禅师。

师见诸宗难问，咸起恶心，多集座下，愍而谓曰：学道之人，一切善念恶念，应当尽除。无名可名，名于自性；无二之性，是名实性。于实性上建立一切教门，言下便须自见。诸人闻说，总皆作礼，请事为师。

【注释】　①神会：在早期禅宗史上，神会（668-760）是位举足轻重的人物，为荷泽宗之祖。襄阳（湖北襄阳）人，俗姓高。年幼时学习五经、老庄、诸史，后来投国昌寺颢元出家。十三岁时，参谒六祖惠能。惠能示寂后，参访四方，跋涉千里。开元二十年（732）神会设无遮大会于河南滑台大云寺，与山东崇远论战，竭力攻击神秀一门，确立南宗惠能系之正统传承与宗旨，并于天宝四年（745）著《显宗记》，定南惠能为顿宗，北神秀为渐教，"南顿北渐"之名由此而起。神会示寂于上元元年，世寿九十三，敕谥"真宗大师"。②沙弥：指佛教僧团中，已受十戒，未受具足戒，年龄在七岁以上、未满二十岁之出家男子。意译为息慈，即息恶和行慈的意思，又译作勤策，即为大僧勤加策励的对象。沙弥有三类：七至十三岁，名驱乌沙弥，谓其只能驱逐乌鸟。十四至十九岁，名应法沙弥，谓正合沙弥的地位。二十至七十岁，名沙弥，谓在此年龄内，本来应居比丘位，但以缘未及，故尚称沙弥的名字。③向去有把茆盖头：这里指开道场，教化众生。向去即从偏位向于正位，而从正位向于偏位叫作"却来"。"茆"即茅草，把茆盖头就是取茅草建草庵以作栖身处。④知解宗徒：指通过文字来修行的人，即以学习和理解经典文字为修行的僧人。⑤《显宗记》：全一卷，唐代荷泽神会著，全称《荷泽大师显宗记》，收于《景德传灯录》卷三十。据传本书是作者在天宝四年（745），于滑台为北宗禅者攻击时所著，主要叙述南宗顿悟之旨，并论述传衣在禅宗传承中的重要性。全篇只有六百六十字。内容大体以《金刚般若经》之"般若空智、应无所住而生其心"为立足点，并承继僧肇之《般若无知论》、《涅槃无名论》，以及六祖慧能《法宝坛经》中"定慧品第四"之思想。

【译文】　有一个童子，名叫神会，襄阳高家的子弟。十三岁时，从神秀主持的玉泉寺来到曹溪山向惠能大师参拜。

惠能大师说：善知识远道而来，非常辛苦，你是带着"本"来的吗？如果带着"本"，就应该识得"主"。你说说听听。

神会说：我以无住为"本"，能识见无住真心就是"主"。

惠能大师说：这个小沙弥，怎么说话如此轻率！

神会说：大师您坐禅，识见真如佛性还是没有识见真如佛性？

惠能大师用禅杖打了神会三下子，问：我打你，你痛不痛？

神会说：也痛也不痛。

惠能大师说：佛性我识见了，也没有识见。

神会问：什么叫作也识见了，也没识见？

惠能大师说：我说识见是说常见自己的过错，不见他人的是非好恶，这是说"见到了，也没有见到"。那你说"也痛也不痛"是什么意思？你如果不痛，你就是和草木瓦石一样没有知觉；你如果说痛，那你就和凡夫俗子一样，会生起怨恨之心。你近前来，我告诉你：识见与不识见是两种偏见，痛和不痛是可以生灭的。你问我"见还是不见"，说明你执著于两边之见，还没有识见清净自性，怎敢戏弄他人？

神会礼拜，向大师谢罪。

惠能大师又说：如果心是愚迷的，不能识见本性，就必须找善知识教化引导。如果心是开悟的，能识见清净自性，就可依此修行。现在你自己愚迷不见本心自性，却反来问我"见还是未见"。我是否识见清净自性，只有我自己知道，这不能代替你的愚迷。你如果识见清净自性，也替代不了我的愚迷。为何不去自知自见，却在这里问我"见还是未见"？

神会再次向惠能大师行礼，拜了一百多次，请求大师恕罪。从此，在大师左右做杂务和服侍大师，不离大师身边。

有一天，惠能大师告诉大家：我有一样东西，没头没尾，没名没字，没背面，没正面，大家知道是什么吗？

神会起立说道：是一切佛的本源，是神会的佛性。

大师说：对你说了没名没字，你却还要把他叫作本源、佛性。你以后即便开道场聚众收徒，也只能成为一个知文解义的宗徒。

惠能大师圆寂后，神会到了京师长安与洛阳，大力弘扬惠能大师的顿教法门，著有《显宗记》，盛行于世。这就是著名的荷泽禅师。

惠能大师看到各个宗派之间经常相互辩论，并且心存恶念，于是常召集门人弟子，宽厚怜悯地对大家说：修行佛道的人，一切善念、恶念，都应该全部除掉，名相、称号本来就都是没有的，全是虚假不实的，名称都在清净自性当中。独一无二、没有分别的本性就叫作实性，一切教派法门都建立在实性的根基上。这个道理，你们应该立刻明白，识见自己的本性。

众人听完，全都行礼，祈请惠能大师教化他们。

护法品第九

神龙元年上元日①，则天中宗②诏云：朕请安秀二师③，宫中供养。万机之暇，每究一乘④。二师推让云：南方有能禅师，密授忍大师衣法，传佛心印，可请彼问。今遣内侍薛简，驰诏迎请，愿师慈念，速赴上京。

师上表辞疾，愿终林麓。

【注释】　①神龙元年上元日：神龙为唐中宗年号，正月十五日为上元。②则天中宗：指太后武则天和唐中宗李显。③安秀二师："安"指慧安国师，是弘忍的弟子，曾受到武则天和唐中宗的重视。因常住嵩山，故又称嵩山慧安。《景德传灯录》卷四有传。"秀"指北宗神秀大师。④一乘：即指佛乘，又作一佛乘、一乘教、一乘究竟教、一乘法、一道等。乘为"交通工具"之意，此处指成佛之教法。

【译文】　唐中宗神龙元年（705）正月十五日，太后武则天和唐中宗下诏说：我迎请嵩山慧安和玉泉寺神秀两位大师到宫里来，诚心供养。于日理万机之中，每有空暇，就向两位大师请教，研究佛法。两位大师十分谦让，都推举惠能大师，说："南方有位惠能大师秘密得受了五祖弘忍大师的衣钵和教法，得了以心传心的心印，可以迎请他来宫中向他请教。"现在我派遣内侍薛简传达诏书来迎请大师，望大师慈悲为怀，立即赶赴京城。

惠能大师上呈了表章，以身体有疾病为理由推辞了延请，并表示自己愿意终老于山林之中。

薛简曰：京城禅德皆云：欲得会道，必须坐禅习定；若不因禅定而得解脱者，未之有也。未审师所说法如何？

师曰：道由心悟，岂在坐也？经云：若言如来若坐若卧，是行邪道。何故？无所从来，亦无所去，无生无灭，是如来清净禅[1]；诸法空寂，是如来清净坐。究竟无证，岂况坐耶？

简曰：弟子回京，主上必问。愿师慈悲，指示心要，传奏两宫，及京城学道者。譬如一灯，然百千灯，冥者皆明，明明无尽。

师云：道无明暗，明暗是代谢之义。明明无尽，亦是有尽，相待立名。故净名经云：法无有比，无相待故。简曰：明喻智慧，暗喻烦恼。修道之人，倘不以智慧照破烦恼，无始生死，凭何出离？

师曰：烦恼即是菩提，无二无别。若以智慧照破烦恼者，此是二乘见解，羊鹿等机[2]；上智大根，悉不如是。

简曰：如何是大乘见解？

师曰：明与无明[3]，凡夫见二；智者了达，其性无二。无二之性，即是实性。实性者，处凡愚而不减，在贤圣而不增；住烦恼而不乱，居禅定而不寂。不断不常，不来不去，不在中间，及其内外。不生不灭，性相如如，常住不迁，名之曰道。

简曰：师说不生不灭，何异外道？

师曰：外道所说不生不灭者，将灭止生，以生显灭，灭犹不灭，生说不生。我说不生不灭者，本自无生，今亦不灭，所以不同外道。汝若欲知心要，但一切善恶，都莫思量，自然得入清净心体，湛然常寂，妙用恒沙。

简蒙指教，豁然大悟。礼辞归阙，表奏师语。

【注释】　①如来清净禅："如来禅"之简称，《楞伽经》所说四种禅之一。由如来直传之禅或如来所得之禅定。即入于如来地，证得圣智三种乐，为利益众生而示现不思议之广大妙用者，称为如来禅。另也是五种禅（五味禅）之一。据宗密之《禅源诸诠集都序》卷上之一，将禅分为五种，其中，"最上乘禅"称为如来清净禅（略称如来禅），又称一行三昧、真如三昧。此禅之旨趣，系顿悟自心本来清净无有烦恼，具足无漏之智性，且此种清净心与佛无异，此心即佛，故宗密称之为如来清净禅，并以之为达磨门下相传之禅。②二乘见解，羊鹿等机："二乘"即指声闻乘与缘觉乘。羊鹿指羊车和鹿车。这里指二乘发心度化的众生较少。详见第七品"三车"注。③明与无明："明"是智慧。"无明"就是无智。无明是烦恼的别称，即不如实知见。

【译文】 薛简说：京城里的禅师大德都说："想要领会佛道，必须要坐禅习定；如果不凭借修禅习定而能够得到解脱，这样的人还没出现过。"不知道大师您所讲的教法是什么样子的？

惠能大师说：得成佛道要靠自心开悟，怎么会是在于长期打坐呢？佛经上说："如果说佛或坐或卧，那么就是在修行邪道。"这是什么原因呢？既没有所来之处，也没要去的地方，没有生灭变化，这是佛的清净禅；一切事物虚幻空寂，这是佛的清净坐。最终的究竟解脱是没有办法印证的，更何况长期打坐。

薛简说：弟子我回到京城，太后皇上必然问起大师的教法心要，希望大师慈悲为怀，给我指点开示，我好表奏太后皇上两宫，以及京城参学佛道的人士。这好比一盏灯点燃千百万盏灯，晦暗都得到光明。光明没有穷尽。

惠能大师说：佛道没有光明黑暗的区分，光明和黑暗的意义是相对而生，互为依存。说光明无尽的同时，就等于说有一个"有尽"与"无尽"相待而存在。光明和黑暗是相待而立的一对概念。所以《净名经》说："佛法是没有事物可以比拟的，因为没有事物可与之相待而立。"薛简说：以光明比喻智慧，以黑暗比喻烦恼。修行佛道的人如果不用智慧观照并破斥烦恼，那么无始以来的生死靠什么来超离呢？

惠能大师说：烦恼就是菩提，不是两种东西，他们本质相同，没有分别。如果要用智慧观照破斥烦恼，那这就是声闻和缘觉二乘的见解，是《法薛简说：什么是大乘的见解呢？

惠能大师说：光明智慧和愚迷黑暗，凡夫将之区分为两种东西；智者则明白他们在本质上是没有区别的。这种没有区别、平等一致的本性就是真实佛性。真实佛性，处于凡俗愚迷境地时不会减少，处于贤明圣达的境地时不会增加；处于烦恼中而不散乱，处于禅定中而不寂灭。没有断绝没有永恒，没有来处没有去处，不在事物中间，也不在事物内部外部。没有生成和毁灭，本性和相状真实如一，永恒存在没有变化，这就叫作佛道。

薛简说：大师所说的没有生成和毁灭，与外道有什么不同之处？

惠能大师说：外道所讲的没有生成毁灭，是用毁灭来止断生成，用生成来显示毁灭，这种毁灭等于没有毁灭，生成也可以说没有生成。我说的没有生成没有毁灭，是本来就没有生成，现在也不存在毁灭，所以是与外道不同的。你如果想要知道心得要旨，只要一切善和恶都不去思考分别它，自然能悟入清净本心，湛然明净，永恒静寂，其妙用之多，有如恒河之沙。

薛简受到了指点教化，豁然开悟。礼敬辞别惠能大师而回归宫中，上表报奏了惠能大师的教说。

其年九月三日，有诏奖谕师曰：师辞老疾，为朕修道，国之福田。师若净名，托疾毗耶①，阐扬大乘，传诸佛心，谈不二法。薛简传师指授如来知见，朕积善余庆，宿种善根，值师出世，顿悟上乘，感荷师恩，顶戴无已。并奉磨衲袈裟②，及水晶钵，敕韶州刺史修饰寺宇，赐师旧居为国恩寺。

【注释】 ①毗耶：即是毗耶离城，乃维摩居士之居处。②磨衲袈裟：袈裟之一种。相传乃高丽所产，以极精致之织物制成。磨，即指紫磨，属于绫罗类。

【译文】 这一年的九月三日，朝廷下诏褒奖惠能大师，说：大师以年老多病辞去召请，一心为我修行佛道，这是国家的福报啊。大师就如同维摩

国学经典丛书

诘一样，推脱有病而居住于毗耶离城中，大力弘扬大乘佛法，传授佛的心印，宣讲一切佛性平等无二的教法。薛简已经上表奏明了大师所传授的佛智见解，我积累的善行使我有了今天的福报，是前世种下的善根，恰逢大师出世行化，令我立刻顿悟上乘佛法，感念承受大师的恩泽，十分感激，致礼不已。同时奉送磨衲袈裟和水晶钵，命令韶州刺史修整庙宇，赐名大师的旧居为国恩寺。

付嘱品第十

师一日唤门人法海、志诚、法达、神会、智常、智通、志彻、志道、法珍、法如等，曰：汝等不同余人，吾灭度①后，各为一方师。吾今教汝说法，不失本宗。

先须举三科②法门，动用三十六对，出没即离两边。说一切法，莫离自性。忽有人问汝法，出语尽双，皆取对法，来去相因。究竟二法③尽除，更无去处。

三科法门者，阴界入也。阴是五阴，色、受、想、行、识是也。入是十二入，外六尘，色、声、香、味、触、法，内六门，眼、耳、鼻、舌、身、意是也。界是十八界，六尘、六门、六识是也。自性能含万法，名含藏识。若起思量，即是转识④。生六识，出六门，见六尘，如是一十八界，皆从自性起用。

【注释】　①灭度：即涅槃、圆寂、迁化之意。通过修行而灭障度苦，证得果位，也就是永灭因果，开觉证果。②三科：指五蕴、十二处和十八界，或译五阴、十二入、十八界。从这三方面观察人及世界，依愚夫迷悟之不同情况，破除我执，从而认识"无我"之理。③二法：分诸法为二种。或分为色、心，或分为染、净，有为、无为，有漏、无漏等。与"二相"意思相同。④转识："转"即转变。唯识家认为在八识之中，除第八识外，其余的眼、耳、鼻、舌、身、意、末那七识都称为转识。此七识总称为七转识、前七转等。前七识以第八识阿赖耶识为所依，缘色、声等境而转起，能改转苦、乐、舍三受，转变善、恶、无记三性，故称为"七转识"。

【译文】　　一天，惠能大师叫来了弟子法海、志诚、法达、神会、智常、智通、志彻、志道、法珍、法如等，对他们说：你们几个和其他人不一样，等我去世以后，你们各自要做教化一方的宗师。我现在教你们应当如何说法，才不会失去本宗宗旨。

说法时首先必须列举出三科法门，使用三十六对相对法，言语一经说出口就要脱离两端。讲说一切法的时候均不能离开自我本性。若突然有人问你佛法，说出来的话语要全部是对应成双的，全部要举相对的事物，言语来去要前后相应。最后把生灭、有无二法全部扫除干净，再没有可以偏执之处。

三科法门，就是阴、界、入。阴是五阴，即色、受、想、行、识。入就是十二入，就是身外六尘：色、声、香、味、触、法，身内六门：眼、耳、鼻、舌、身、意。界是十八界，就是六尘、六门和六识。自我本性能够含藏一切事物和现象，这叫作含藏识。如果生起分别思量，就是转识。生起眼识、耳识、鼻识、舌识、身识、意识这六识，六识通过眼、耳、鼻、舌、身、意六门认识了色、声、香、味、触、法六尘。这样就是十八界，全部是从自我本性中生起和发用。

自性若邪，起十八邪；自性若正，起十八正。若恶用即众生用，善用即佛用；用由何等，由自性有。

对法外境，无情五对：天与地对，日与月对，明与暗对，阴与阳对，水与火对，此是五对也。

法相①语言十二对：语与法对，有与无对②，有色与无色对，有相与无相对③，有漏与无漏对④，色与空对⑤，动与静对，清与浊对，凡与圣对，僧与俗对，老与少对，大与小对，此是十二对也。

自性起用十九对：长与短对，邪与正对，痴与慧对，愚与智对，乱与定对，慈与毒对，戒与非对，直与曲对，实与虚对，险与平对，烦恼与菩提对，常与无常对，悲与害对，喜与嗔对，舍与悭对，进与退对，生与灭对，法身与色身对，化身与报身对，此是十九对也。

师言：此三十六对法，若解用，即道贯一切经法，出入即离两边。

【注释】　①法相：指诸法所具本质之相状（体相），或指其意义内容（义相）。概括一切有生灭变化的现象，也包括永恒的无生灭变化的现象。②有与无对："有"即存在的意思。用于显示诸法的存在。又有实有、假有、妙有等之别。如三世实有；因缘和合而生即假有；圆成实性其体遍满而无生灭，所以说是妙有。"无"即与"有"相对，意谓非存在。佛教认为所谓有或无之二边（即"偏有"或"偏无"之一方）皆为谬误；唯有超越有与无，才属绝对真如。③有相与无相对："有相"和"无相"是对称。有相，系指差别有形之事相。又具有生灭迁流之相者，亦称有相，又称有为法。无相则指一切诸法无自性，本性为空，无形相可得，故称为无相。④有漏与无漏对："漏"，流失、漏泄，烦恼之异名。人类由于烦恼所产生之过失、苦果，使人在迷妄的世界中流转不停，难以脱离生死苦海，故称为有漏；若达到断灭烦恼之境界，则称为无漏。⑤色与空对：色为物质存在之总称。空：无自性。

【译文】　自我本性如果邪恶执迷，就会生起十八种邪念；自我本性如果端正，就会生起十八种正念。恶念起用就是众生之用，善念起用就是佛之用；是众生用还是佛用，这由什么来决定，都是由自我本性决定。

所谓三十六对法，外界无情的事物有五对：天与地是相对，太阳和月亮是相对，光明与黑暗是相对，阴和阳是相对，水和火是相对，这是无情的五对。

事物的本性、相状和语言方面有十二对：语言与佛法相对、有与无相对、有色与无色相对、有相与无相相对、有漏与无漏相对、色与空相对、动与静相对、清澈与浑浊相对、凡人与圣人相对、僧人与俗人相对、老与少相对、大与小相对，这是法相语言的十二对。

自我本性中生起的作用有十九对：长与短相对、邪见与正见相对、愚痴与智慧相对、乱与定相对、慈悲与毒害相对、戒与非相对、直与曲相对、真实与虚妄相对、险与平相对、烦恼与菩提相对、常与无常相对、悲与害相对、欢喜与嗔怒相对、施舍与吝啬相对、前进与后退相对、生起与寂灭相对、法身与色身相对、化身与报身相对，这是自性起用的十九对。

惠能大师说：这三十六对相对法的教法，如果能够理解运用，就能在一切佛法经典中贯通佛道，与人交谈时，进退都能不执两边，脱离两个极端。

自性动用，共人言语，外于相离相，内于空离空。若全著相，即长邪见。若全执空，即长无明。执空之人有谤经，直言不用文字。既云不用文字，人亦不合语言；只此语言，便是文字之相。又云：直道不立文字，即此不立两字，亦是文字。见人所说，便即谤他言著文字，汝等须知自迷犹可，又谤佛经；不要谤经，罪障无数。

若著相于外，而作法求真；或广立道场，说有无之过患，如是之人，累劫不得见性。但听依法修行，又莫百物不思，而于道性窒碍。若听说不修，令人反生邪念。但依法修行无住相法施。汝等若悟，依此说，依此用，依此行，依此作，即不失本宗。

若有人问汝义，问有将无对，问无将有对；问凡以圣对，问圣以凡对。二道①相因，生中道②义。

如一问一对，余问一依此作，即不失理也。设有人问：何名为暗？答云：明是因，暗是缘，明没即暗。以明显暗，以暗显明，来去相因，成中道义。余问悉皆如此。汝等于后传法，依此转相教授，勿失宗旨。

【注释】　①二道：二道指相对的两个方面，如"有"与"无"，"凡"与"圣"。②中道：即离开二边之极端、邪执，为一种不偏于任何一方之中正之道，或观点、方法。又作中路，或单称中。

【译文】　自我本性发用，在和别人一起谈论的时候，对外不执著事物的相状，对内不执著"空"之心念。如果全部执著于相状，就增长邪见。如果全部执著于空，就增长无明愚痴。执著空的人常常会诽谤佛教经典，直接说不需要文字。既然说不需要文字，那么也不该有语言；一旦使用语言，就是落入文字之相。又说直行佛道要不立文字，就是"不立"这两个字，本身也是文字。看到有人谈论，就立刻诽谤别人的言语是执著于文字，你们知道自性愚迷也就罢了，还来诽谤佛经；千万不要诽谤佛经，那样的话，会罪过障碍多得无法计数。

如果执著于外在境相，便会造作种种方法去求取佛道；或者广泛地建立道场，宣讲有无的得失，像这样的人，永远不能识见自我的本性。像这样的人要听从正法依止修行，还有不要"百物不思"，什么都不想，而使得佛道本性障碍窒断。如果只是听说而不去修行，反而会使人生起邪念。所以必须依照佛法修行不执著于相，并以此讲说。你们如果能够开悟，依照这个讲说，依照这个运用，依照这个修行，依照这个作为，就不会迷失本门宗旨。

如果有人问你佛法的意义，问有就用无来对，问凡人就用圣人来对，问圣人就用凡人来对。在对立二相的因缘转化中，持中道的本义。

像这样一问一答，其余的问题也全部按照这样来作答，就不会失去中道教义。假设有人问什么是暗？回答：光明是本源，黑暗要有条件，光明消失则黑暗顿生。以光明来凸显黑暗，以黑暗来凸显光明，来去相对立而成，成就中道意义。其余的提问全部都是这样解答。你们在以后的传法过程中，依据这个相互教授，不要失去本门宗旨。

师于太极元年壬子，延和七月①，命门人往新州国恩寺建塔，仍令促工。次年夏末落成。七月一日，集徒众曰：吾至八月，欲离世间。汝等有疑，早须相问，为汝破疑，令汝迷尽。吾若去后，无人教汝。

法海等闻，悉皆涕泣；惟有神会，神情不动，亦无涕泣。

师云：神会小师②，却得善不善等，毁誉不动，哀乐不生。余者不得，数年山中，竟修何道？汝今悲泣，为忧阿谁？若忧吾不知去处，吾自知去处，吾若不知去处，终不预报于汝。汝等悲泣，盖为不知吾去处。若知吾去处，即不合悲泣。法性本无生灭去来，汝等尽坐，吾与汝说一偈，名曰真假动静偈。汝等诵取此偈，与吾意同；依此修行，不失宗旨。

众僧作礼，请师说偈。偈曰：

一切无有真，不以见于真；

若见于真者，是见尽非真。

若能自有真，离假即心真；

自心不离假，无真何处真？

有情即解动，无情即不动；

若修不动行，同无情不动。

若觅真不动，动上有不动；

不动是不动，无情无佛种。

能善分别相，第一义不动；

但作如此见，即是真如用。

报诸学道人，努力须用意；

莫于大乘门，却执生死智。

若言下相应，即共论佛义；

若实不相应，合掌令欢喜。

此宗本无诤，诤即失道意；

执逆诤法门，自性入生死。

【注释】　①太极元年壬子，延和七月：712 年，这一年唐睿宗改元太极元年，五月又改元延和元年，唐玄宗即位后，又于当年八月改元先天元年。②小师：系指受具足戒未满十年之僧人。若满十年则称住位。

【译文】 惠能大师在唐睿宗太极元年，即壬子年，也就是延和元年的七月，命令弟子前往新州国恩寺建造墓塔，还命令人去催促施工。第二年夏天快结束的时候，墓塔建成竣工了。七月一日，惠能大师召集弟子门人，对他们说：我到八月，将要离开人世。你们有什么疑问，要早点来问，我为你们破除疑惑，让你们愚迷尽除。我如果去世以后，就没有人再指导你们了。

法海等弟子听说以后，全部都痛哭流涕，只有神会，神色表情丝毫没有变动，也没有哭泣流泪。

惠能大师说：神会虽是个小禅师，却能得悟善与不善平等无差，不被诋毁称誉所动摇，不生起哀伤和喜乐。其他人都没有能做到，十几年在山中修行，究竟修了什么道？你们现在悲伤哭泣，是为了谁忧伤？如果是伤心我不知往哪里去，其实我自己知道我的去处，我如果不知道去处，最后我是不会向你们事先通报的。你们悲伤哭泣，都是因为不知道我的去处。如果知道我的去处，就不该悲伤。佛法本性本来没有生灭来去，你们都全部坐下，我给你们说一个偈，名称为《真假动静偈》。你们念诵听取这个偈，就能和我的心意相同；依照这个偈修行，就不会迷失宗门旨趣。

所有僧人都行礼，请惠能大师作偈。偈子说：

一切无有真，不以见于真；

若见于真者，是见尽非真。

若能自有真，离假即心真；

自心不离假，无真何处真？

有情即解动，无情即不动；

若修不动行，同无情不动。

若觅真不动，动上有不动；

不动是不动，无情无佛种。

能善分别相，第一义不动；

但作如此见，即是真如用。

报诸学道人，努力须用意；

莫于大乘门，却执生死智。

若言下相应，即共论佛义；

若实不相应，合掌令欢喜。

此宗本无诤，诤即失道意；

执逆诤法门，自性入生死。

　　时，徒众闻说偈已，普皆作礼。并体师意，各各摄心，依法修行，更不敢诤。乃知大师不久住世，法海上座，再拜问曰：和尚入灭之后，衣法当付何人？

　　师曰：吾于大梵寺说法，以至于今，抄录流行，目曰法宝坛经。汝等守护，递相传授，度诸群生。但依此说，是名正法。今为汝等说法，不付其衣。盖为汝等信根淳熟，决定无疑，堪任大事。然据先祖达磨大师，付授偈意，衣不合传。偈曰：

吾本来兹土，传法救迷情[①]；

一华开五叶[②]，结果自然成。

　　【注释】　①迷情：指迷惑之众生（有情）。②一华开五叶：唐末五代时期，从青原行思一系之下形成了曹洞宗、云门宗和法眼宗；从南岳怀让一系之下形成沩仰宗和临济宗，这五个宗派被合称为禅宗五家，"五叶"即指这五个宗派。另一说五叶表示五代，指菩提达磨以下的慧可、僧璨、道信、弘忍和惠能五位禅宗祖师。

　　【译文】　当时，弟子门人们听完了偈，全部都行礼。并且各自体会惠能大师的意思，各自收拾本心，依照这个法门修行，不再争辩了。由于知道了惠能大师停驻人世的时间不多了，法海上座在此礼拜惠能大师，问道：大师入灭之后，衣钵和教法应该传给谁？

　　惠能大师说：我在大梵寺说法，直到现在，所演说的内容已经被抄录下来并广为流布风行，其名目叫作《法宝坛经》。你们好好守护，次第相互流传指授，去度化一切人群众生。只要依照这个说法，就叫作真正佛法。我现在为你们说法，不再付嘱袈裟，就是因为你们都已经信根淳熟，正定而没有疑惑，可以堪当弘法的大任了。而且根据祖师达磨大师付嘱所传授的偈子的含意，衣钵袈裟是不应该传下去的，偈子说：

吾本来兹土，传法救迷情；

一华开五叶，结果自然成。

师复曰：诸善知识！汝等各各净心，听吾说法。若欲成就种智①，须达一相三昧，一行三昧②。若于一切处而不住相，于彼相中不生憎爱，亦无取舍，不念利益成坏等事，安闲恬静，虚融澹泊，此名一相三昧。若于一切处，行住坐卧，纯一直心，不动道场，真成净土，此名一行三昧。若人具二三昧，如地有种，含藏长养，成熟其实，一相一行，亦复如是。

我今说法，犹如时雨，普润大地。汝等佛性，譬诸种子，遇兹沾洽，悉得发生。承吾旨者，决获菩提；依吾行者，定证妙果。听吾偈曰：

心地含诸种，普雨悉皆萌，

顿悟华情已，菩提果自成。

师说偈已，曰：其法无二，其心亦然。其道清净，亦无诸相。汝等慎勿观静，及空其心。此心本净，无可取舍，各自努力，随缘好去。

尔时徒众作礼而退。

【注释】 ①种智：为一切种智之略称。即佛了知一切种种法之智慧。唯佛有一切种智，声闻、缘觉等仅有总一切智。②一相三昧，一行三昧：禅定之名。一相指平等无差别之真如相。三昧即将心定于一处（或一境）的一种安定状态。因此一相三昧指主观上对一切现象没有偏执，不生憎恨或爱意，也没有取舍之心，不念利益成坏等事，而能够安闲恬静，虚融澹泊。一行三昧与一相三昧之意义并无大区别，只是前者是从不执著与"相"上讲，后者是从不执著于禅修时的身体姿势讲。

【译文】　惠能大师又说：各位善知识！你们各自清净本心，听我讲说佛法。如果要成就佛的智慧，必须达到一相三昧和一行三昧。如果在一切境相之中而能不执著于一切境相，对于那些相状不生起憎恶爱欲，也没有争取和舍弃，不考虑利益关系、成功失败等事情，安闲恬静，虚融淡泊，这叫作一相三昧。如果在一切处所，行住坐卧，纯粹由真心发用，不需要借助外在道场，当下成就真实净土，这叫作一行三昧。如果人具有这两个三昧，就如同大地中含有种子，经过孕含、蓄藏、生长和培养，使其果实成熟。一相三昧和一行三昧，也是这样。

我现在说法，好像及时雨，普遍润泽大地。你们的佛性，好像一粒粒的种子，遇到时雨滋润都能发芽生长。继承我的宗旨的人，肯定能证获菩提智慧；依照我的教法修行的人，肯定能证悟佛道妙果。听我的偈：

心地含诸种，普雨悉皆萌，

顿悟华情已，菩提果自成。

惠能大师说完偈，说：佛法没有二分，本心也是如此。佛道本是清净的，没有一切相状。你们千万要慎重，不要执著观静和空寂其心。此心本来就是清净的，没有可以取舍的，各自回去努力，随顺因缘好好去吧。

当时弟子门人行礼后都退下了。

大师七月八日，忽谓门人曰：吾欲归新州，汝等速理舟楫。

大众哀留甚坚。

师曰：诸佛出现，犹示涅槃，有来必去，理亦常然。吾此形骸，归必有所。

众曰：师从此去，早晚可回？

师曰：叶落归根，来时无口[①]。

又问曰：正法眼藏，传付何人？

师曰：有道者得，无心者通。

又问：后莫有难否？

师曰：吾灭后五六年，当有一人来取吾首。听吾记曰：头上养亲，口里须餐；遇满之难，杨柳为官②。

又云：吾去七十年，有二菩萨③，从东方来，一出家，一在家，同时兴化，建立吾宗；缔缉伽蓝④，昌隆法嗣。

问曰：未知从上佛祖应现已来，传授几代？愿垂开示。

师云：古佛应世，已无数量，不可计也。今以七佛为始，过去庄严劫：毗婆尸佛、尸弃佛、毗舍浮佛。今贤劫：拘留孙佛、拘那含牟尼佛、迦叶佛、释迦文佛，是为七佛。已上七佛，今以释迦文佛首传。第一、摩诃迦叶尊者，第二、阿难尊者，第三、商那和修尊者，第四、优波毱多尊者，第五、提多迦尊者，第六、弥遮迦尊者，第七、婆须蜜多尊者，第八、佛驮难提尊者，第九、伏驮蜜多尊者，第十、胁尊者，十一、富那夜奢尊者，十二、马鸣大士，十三、迦毗摩罗尊者，十四、龙树大士，十五、迦那提婆尊者，十六、罗睺罗多尊者，十七、僧伽难提尊者，十八、伽耶舍多尊者，十九、鸠摩罗多尊者，二十、阇耶多尊者，二十一、婆修盘头尊者，二十二、摩拏罗尊者，二十三、鹤勒那尊者，二十四、师子尊者，二十五、婆舍斯多尊者，二十六、不如蜜多尊者，二十七、般若多罗尊者，二十八、菩提达磨尊者，二十九、慧可大师，三十、僧璨大师，三十一、道信大师，三十二、弘忍大师，惠能是为三十三祖。从上诸祖，各有禀承。汝等向后，递代流传，毋令乖误。

【注释】　①来时无口："无口"即没有讲什么话。此即无法可说之意。禅宗强调传心法要，是要靠自证自悟的，佛也是以无言传教。这里是指六祖惠能一生都没说过什么法。②头上养亲，口里须餐；遇满之难，杨柳为官：这是一个禅宗的故事。在开元十年，新罗僧人金大悲想取六祖惠能肉身舍利的头回国供养，就雇用了一名叫张净满的孝子去偷。张净满为金大悲办此事也是为了糊口和孝养父母。可是张净满不但无法成功盗取六祖的头，反而被官府捉拿归案。当时审问此案的县令名叫杨佩，州刺史名叫柳无忝。这个故事正好符合了这四句谶语。③二菩萨：即指一出家、一在家的两位菩萨。其实这也是六祖圆寂前的悬记（预言）。但到底这两位菩萨指谁，有许多不同的说法。有人说出家的菩萨是指马祖道一禅师，在家菩萨则指庞蕴居士。也有说出家者为黄檗禅师，而在家者指的是裴休。胡适却认为这个悬记是《曹溪大师别传》的作者伪造的。④伽蓝：全译为僧伽蓝摩。又作僧伽蓝。意译众园。又称僧园、僧院。意译为园。原指可供建设众僧居住之房舍（毗诃罗）的用地，后转为包括土地及建筑物的寺院总称。

【译文】 七月八日，惠能大师忽然与弟子说：我要回新州，你们赶快准备船只。

弟子门人苦苦哀求，坚决挽留。

惠能大师说：一切佛出现，都会指示涅槃，有来就会有去，道理本应就是这样。我这具躯体形骸，回去肯定是有去处的。

弟子们说：大师从今天走了以后，或早或晚还会回来吗？

惠能大师说：落叶归根，出生就意味着死亡。

弟子又问：佛教正法，大师将传授交付给哪一个？

惠能大师说：证悟了佛道的人会得到，无执著心的人会通达领会。

弟子又问：以后是不是会有劫难啊？

惠能大师说：我去世后五六年，应该会有一个人前来取我的首级。听我的偈记：头上养亲，口里须餐；遇满之难，杨柳为官。

惠能大师又说：我去世后七十年，有两位菩萨，从东方来，一位是出家僧人，一位是在家居士，他们同时大兴教化，建立宗派；修建寺庙，昌盛兴隆我佛法宗门。

弟子们问：不知从最初佛祖应身现化以来，已经共计传授了多少代？希望大师给予开示。

惠能大师说：从远古的佛应身出世，已经无数无量，不可计算了。现在就以七佛为开始吧，在过去世的大劫庄严劫中：有毗婆尸佛、尸弃佛、毗舍浮佛。今贤劫：拘留孙佛、拘那含牟尼佛、迦叶佛、释迦文佛，这是被称作七佛的。以上的七佛，现在以释迦牟尼佛为首传，依次传递：第一、摩诃迦叶尊者，第二、阿难尊者，第三、商那和修尊者，第四、优波毱多尊者，第五、提多迦尊者，第六、弥遮迦尊者，第七、婆须蜜多尊者，第八、佛驮难提尊者，第九、伏驮蜜多尊者，第十、胁尊者，十一、富那夜奢尊者，十二、马鸣大士，十三、迦毗摩罗尊者，十四、龙树大士，十五、迦那提婆尊者，十六、罗睺罗多尊者，十七、僧伽难提尊者，十八、伽耶舍多尊者，十九、鸠摩罗多尊者，二十、阇耶多尊者，二十一、婆修盘头尊者，二十二、摩拏罗尊者，二十三、鹤勒那尊者，二十四、师子尊者，二十五、婆舍斯多尊者，二十六、不如蜜多尊者，二十七、般若多罗尊者，二十八、菩提达磨尊者，二十九、慧可大师，三十、僧璨大师，三十一、道信大师，三十二、弘忍大师，惠能就是三十三祖。从以上各位祖师，都各有禀受继承。你们今后一代一代的传授流布下去，不要使他有讹误。

大师先天二年①癸丑岁，八月初三日，于国恩寺②斋罢，谓诸徒众曰：汝等各依位坐，吾与汝别。

法海白言：和尚留何教法，令后代迷人得见佛性？

师言：汝等谛听，后代迷人，若识众生，即是佛性；若不识众生，万劫觅佛难逢。吾今教汝识自心众生，见自心佛性。欲求见佛，但识众生，只为众生迷佛，非是佛迷众生。自性若悟，众生是佛；自性若迷，佛是众生。自性平等，众生是佛；自性邪险，佛是众生。汝等心若险曲，即佛在众生中。一念平直，即是众生成佛。我心自有佛，自佛是真佛。自若无佛心，何处求真佛？汝等自心是佛，更莫狐疑。外无一物而能建立，皆是本心生万种法。故经云：心生种种法生，心灭种种法灭。吾今留一偈，与汝等别，名自性真佛偈。后代之人，识此偈意，自见本心，自成佛道。偈曰：

真如自性是真佛，邪见三毒是魔王。

邪迷之时魔在舍，正见之时佛在堂。

性中邪见三毒生，即是魔王来住舍。

正见自除三毒心，魔变成佛真无假。

法身报身及化身，三身本来是一身。

若向性中能自见，即是成佛菩提因。

本从化身生净性，净性常在化身中。

性使化身行正道，当来圆满真无穷。

淫性本是净性因，除淫即是净性身。

性中各自离五欲，见性刹那即是真。

今生若遇顿教门，忽悟自性见世尊。

若欲修行觅作佛，不知何处拟求真？

若能心中自见真，有真即是成佛因。

不见自性外觅佛，起心总是大痴人。

顿教法门今已留，救度世人须自修，

报汝当来学道者，不作此见大悠悠。

【注释】　①先天二年：先天是唐玄宗之年号，先天二年即713年，是年十二月始改元开元。②国恩寺：又名龙山寺，唐朝时建于广西肇庆府新兴县南思龙山。

【译文】　唐玄宗先天二年，八月初三，惠能大师在国恩寺用完斋后，告诉所有弟子门人说：你们各自按位子坐好，我跟你们道别。

法海说：大师留下什么教法，让后代愚迷的人们能得以识见佛性？

大师说：你们仔细听好，后代愚迷的人，如果识见众生，就是识见佛性；如果不识见众生，永远寻佛却终难求到。我现在教你们如何识见自心众生，识见自心佛性。要想求得识见佛，只有识见众生，因为是众生执迷于佛，不是佛执迷于众生。自我本性如果开悟得见，众生都是佛；自我本性如果执迷不悟，那么佛是众生。自我心性平等无二，众生是佛；自我心性邪恶危险，那么佛是众生。你们的心如果险曲不正，那就是佛沦于众生之中。如果一个心念平等正直，那就是众生都成佛了。我的本心中本自有佛，自性之佛才是真佛。自心中如果没有佛心，到那里去求真佛？你们的自我本心就是佛，不要再怀疑了。自心之外面没有一物能够建立，因为万事万物都是本心所生发。所以佛经中说："心生种种法生，心灭种种法灭。"我今天留一个偈，和你们作别，这个偈叫作自性真佛偈。后代的人识见这个偈的真意，自我识见本心，自我成就佛道。偈中说道：

真如自性是真佛，邪见三毒是魔王。

邪迷之时魔在舍，正见之时佛在堂。

性中邪见三毒生，即是魔王来住舍。

正见自除三毒心，魔变成佛真无假。

法身报身及化身，三身本来是一身。

若向性中能自见，即是成佛菩提因。

本从化身生净性，净性常在化身中。

性使化身行正道，当来圆满真无穷。

淫性本是净性因，除淫即是净性身。

性中各自离五欲，见性刹那即是真。

今生若遇顿教门，忽悟自性见世尊。

若欲修行觅作佛，不知何处拟求真？

若能心中自见真，有真即是成佛因。

不见自性外觅佛，起心总是大痴人。

顿教法门今已留，救度世人须自修，

报汝当来学道者，不作此见大悠悠。

师说偈已，告曰：汝等好住，吾灭度后，莫作世情悲泣雨泪，受人吊问，身著孝服，非吾弟子，亦非正法。但识自本心，见自本性，无动无静，无生无灭，无去无来，无是无非，无住无往。恐汝等心迷，不会吾意，今再嘱汝，令汝见性。吾灭度后，依此修行，如吾在日。若违吾教，纵吾在世，亦无有益。复说偈曰：

兀兀不修善①，腾腾不造恶②，

寂寂断见闻③，荡荡心无著④。

师说偈已，端坐至三更，忽谓门人曰：吾行矣！奄然迁化⑤。

于时异香满室，白虹属地，林木变白，禽兽哀鸣。

【注释】 ①兀兀不修善：兀兀即高大不动的样子。这一句话指岿然不动，不起修善之念。②腾腾不造恶：腾腾是自在无所为的样子。不干坏事。③寂寂断见闻：寂寂即是安静祥和的样子。不执著于所见所闻。④荡荡心无著：荡荡就是心中平平坦坦而无所住。胸中坦荡无念无求。⑤迁化：迁者迁移，化者化灭，通谓人之死。在佛教指僧侣之示寂。或谓有德之人于此土教化众生之缘已尽，而迁移于他方世界度化众生。与涅槃、圆寂、灭度、顺世、归真等同义。

【译文】 惠能大师说完偈以后，告诉大家：你们住留世间、好好珍重，我去世之后，不要作世间法的悲伤哭泣，泪如雨下，接受别人的吊唁慰问，身穿孝服，这样不是我的弟子，也不合真正的佛法。只要识见自我本心，识见自我本性，没有动也没有静，没有生起也没有毁灭，没有来也没有去，没有是也没有非，没有住也没有往。我担心你们本心迷误，不能体会我的真意，现在再次叮嘱你们，让你们识见本心。我去世后，依照这个修行，就好像我在的时候一样。如果违背了我的教法，纵然我在世，也没有什么益处。再说偈：

兀兀不修善，腾腾不造恶，

寂寂断见闻，荡荡心无著。

惠能大师说完偈以后，端坐着直到三更天，忽然告诉弟子门人说：我去了！便溘然长逝。

当时奇异的香味溢满室内，一道白虹接天贯地，山林树木霎时变白，禽

国学经典丛书

194

鸟野兽鸣叫哀号。

十一月，广、韶、新三郡官僚，洎门人僧俗，争迎真身①，莫决所之。乃焚香祷曰：香烟指处，师所归焉。

时香烟直贯曹溪。

十一月十三日，迁神龛并所传衣钵而回。

次年七月出龛，弟子方辩以香泥上之。

门人忆念取首之记，仍以铁叶漆布②，固护师颈入塔；忽于塔内白光出现，直上冲天，三日始散。

韶州奏闻，奉敕立碑，纪师道行。师春秋七十有六，年二十四传衣，三十九祝发③，说法利生，三十七载。嗣法四十三人，悟道超凡者莫知其数。达磨所传信衣（西域屈眴布也），中宗赐磨衲宝钵，及方辩塑师真相，并道具，永镇宝林道场。留传坛经，以显宗旨，兴隆三宝，普利群生者。

【注释】　①真身：这里之六祖惠能的肉身舍利。②铁叶漆布：惠能的弟子们想到有人会来偷去其头的预言，所以就用铁皮和漆布把惠能肉身颈项的部分牢牢地包裹起来。③祝发：祝，切断之意。故祝发与剃发、薙发同，即出家落发之谓。

【译文】　十一月，广州、韶州、新州三州的官员僚属，以及惠能的门人弟子、僧人、俗人，都争着要迎取惠能大师的真身回去供奉，一时间不能决定给谁。于是就烧香祷告说道：香烟所飘向的地方就是惠能大师所要归去的处所。

当时香烟飘往了曹溪山。

十一月十三日，惠能大师的棺椁以及所传下来的衣钵都被搬迁回了曹溪山。

第二年七月，惠能大师的肉身遗体被搬出棺椁，弟子方辩用香泥包裹了遗体。

弟子门人想着有人要盗取惠能大师首级的事情，于是便先用薄铁片和漆布，加固保护惠能大师的脖子，然后才请入墓塔内。忽然墓塔里面有白色光芒出现，直接冲上天空，三天后才散去。

　　韶州刺史将惠能大师的事迹上奏皇上后，奉命给惠能大师树立石碑以记录大师道行。大师享年七十六，二十四岁得传法衣，三十九岁剃度出家，讲说佛法，惠施众生，共三十七年。得到大师亲传的弟子四十三人，因大师指点悟道超离凡尘的人不计其数。达磨大师所传的表信袈裟，唐中宗所赐予的磨衲袈裟和水晶钵，以及方辩为惠能大师所塑的真相以及佛法用具等等，永远镇守宝林寺道场。《法宝坛经》广为流布，显扬顿教宗门旨意，兴盛昌隆佛、法、僧三宝，普遍利化一切众生。

主要参考资料

1. 丁福保编纂：《佛学大辞典》，北京：文物出版社，2002 年。

2. 任继愈主编：《佛教大辞典》，南京：江苏古籍出版社，2003 年。

3. 洪修平主编：《儒佛道哲学名著选编》，南京：南京大学出版社，2006 年。

4. 洪修平：《中国佛教文化历程》，南京：江苏教育出版社，2005 年。

5. 洪修平、白光注评：《坛经》，南京：凤凰出版社，2010 年。

6. 郭朋：《坛经校释》，北京：中华书局，1983 年。

7. 王月清：《六祖坛经》，南京：江苏古籍出版社，2002 年。

8. 尚荣译注：《坛经》，北京：中华书局，2010 年。

9. 杨曾文：《敦煌新本六祖坛经》，上海：上海古籍出版社，1993 年。

10. 李申合校，方广锠简注：《敦煌坛经合校简注》，太原：山西古籍出版社，1999 年。

11. 斌宗法师：《般若波罗蜜多心经要释》，台中：瑞成书局，1978 年。

12. 演培法师：《般若波罗蜜多心经讲记：心经十二讲》，台北：天华出版公司，1988 年。

13. 圆瑛大师：《般若心经讲义》，台北：文殊文化公司，

1989 年。

14. ［明］朱棣集注：《金刚般若波罗蜜经集注》，上海：上海古籍出版社，2011 年。

15. 陈秋平译注：《金刚经·心经》，北京：中华书局，2010 年。

16. 程恭让释译：《金刚经》，高雄：佛光山宗务委员会印行，1996 年。

国学经典丛书

（